働き方 完全無双

ひろゆき

大和書房

はじめに／沈みゆく日本で生き残るために

先進国で生まれた、あなた。
残念でしたね。

なぜ、残念かって？
だって、これから先、経済的に苦しくなっていくことが〝明らか〟だからです。

でも、大丈夫。ちゃんと現状を分析して、最悪な状況から順番にシミュレーションしていけば、個人の幸せは誰でも叶えられます。

沈みゆく日本で、あなただけが「無双」状態で働くには、どうすればいいのか。

それを本書では明らかにしたいと思います。

■どうして日本は「ヤバい」のか？

まずは、現在の日本の状況から把握しておきましょう。
先進国の不況の原因には、次の３つがあります。

1. インターネットで情報流通のコストが無料になった
2. コンテナの発明で輸送費用がぐんと安くなった
3. ゲーム理論的に正直に商売したほうがトクになった

たとえば、Ｔシャツを５０００枚作るとしましょう。
この３点を当てはめてみると、次のようになります。

ネットで、「一番安く作ってくれる企業」を探して、メールで注文し、クレジットカード決済をする。依頼された企業は、世界で一番人件費の安い国に作らせ、コンテナを使って低コストで指定の場所に届ける。安くて適当なモノづくりをしてしまうと、次の仕事が来なくなってしまうので、ちゃんとした品質で作る。

この結果、中国やメキシコ、バングラデシュといった人件費の安い国に、製造業のほとんどが持っていかれました。

ひと昔前は、メイド・イン・チャイナというと、「安かろう、悪かろう」が当たり前でした。しかし、**今の時代は、かなり高い精度で安く良いモノづくりが実現できるようになりました。**

すると、日本のように人件費が高い国で作ったものは、競争で勝つことができなくなります。先進国の製造業は不況になり、景気が悪くなり、さらに安いものが売れるようになり、ますます海外の安い商品が作られる……、と、日本にとって悪い状況が続きます。

もちろん、「付加価値」を与えることで日本国内でも競争に勝つことはできるでしょう。

けれど、「競争に勝ってお金を稼げる人」と「競争に負けてお金を稼げない人」の二極化は避けられません。

ここまでは製造業を例にしましたが、他の業界でも同じことです。先進国では二極化が進み、その差はどんどん開いていきます。あらゆる業界において、競争を勝ち抜いた一部だけが一人勝ちの状態になります。

でも、安心してください。

そこから抜け出せる〝**別の生き方**〟が存在します。

■人生の「抜け道」を教えよう

競争に敗れてお金が稼げないのであれば、お金がなくても大丈夫な状態にすればいいのです。「お金がなくても工夫して幸せを目指す」という生き方です。

そのためには、「常識的な考え方」を転換させて、経済と個人の幸せを切り離せばいいのです（その方法は、前著『無敵の思考』で21個のルールにしてまとめています）。

そして、もう一つ。今回は違う方法を提示してみようと思います。

それは、〝**個人として、ワンチャンを狙いながら幸せを目指す**〟という生き方です。

「働き方」にフォーカスをして、一発逆転を狙えるようにするのです。

仕事に必要なのは「スキル」ですが、「スキル」というのは、勉強すれば誰でも身につきます。

プログラミングも、簿記や会計の知識も、外国語をマスターするのも、時間をかけて勉強すれば、ある程度、誰でもできるようになります。

学生時代に学んでいなくても、そういう職場環境に自らを置けば、誰だってスキルは身につきます。

外国人のコンビニ店員で、いつまで経っても仕事ができない人なんて、見たことがありませんからね。

そもそも、スキルはコモディティ化するものです。

どういうことかというと、**人が身につけたことは、マニュアル化され、誰でも再現可能になり、価値が下がるということです。**

すると、一度身につけたスキルだけで食っていくことはできなくなります。

まして、今は人工知能（ＡＩ）の技術が成長していますから、これまでは食いっぱぐれのなかった医者や弁護士でも、国家資格を持っているだけでは、これからの時代、つらくなってきます。資格（スキル）プラスアルファが求められるのです。

■それって「たまたま」じゃね？

身も蓋もないことを最初に言ってしまうと、僕は、個人の「能力」というのは、かなり怪しいものだと思っています。

「2ちゃんねる成功の要因は何ですか？」とよく聞かれます。

「戦略？　機能？　それともネーミング？」

それらは、すべて「ノー」です。

真の答えは、**「匿名掲示板の仕組み自体は元々あったけれど、途中でやめちゃう人**

が多く、たまたま僕だけが長く続けたから」です。

世界史を学ぶと、世界で覇者になる民族がいくつか現れますが、それは彼らが優れた能力を持っていたからではなく、地政学的に有利な場所にいたことが要因として大きいのです。

つまり、「たまたま、そこにいたから勝てた」のです。

企業においても、当初の計画どおりにうまくいった例よりは、いろいろな分野に手を出して、そのうちの1つが「たまたま当たった」というほうが多いのではないでしょうか。成功の秘訣は、「後付け」すれば誰だって理由を考えられますからね。

自分のスキルや能力を信じて、今と同じ頑張り方をしていては、みんなでアリ地獄の中で上を目指して走っている状況と変わりがありません。これからは、個人でワンチャンを狙えるように、今の「働き方」をアップデートさせるほうが近道です。

そこで、本書で提唱するのが、「〝**無双**〟**状態で働けばいいんじゃね？**」という逆転の発想です。

■「無双状態で働く」とは

働くときに考えるべきなのは、個人の「攻め方」と「守り方」の2つです。

第1章では、「攻め方」を身につけましょう。能力を上げるのではなく、「相対的に自分を有利にする方法」を伝授します。

押さえておきたいポイントは、「何が当たるかわからない」「人に覚えてもらえればチャンスが増える」ということです。とはいえ、このへんの話は「○○術」「○○法」という内容で、他のビジネス書でもよく聞く話でしょう。

そして、それだけでは、これからの時代は不十分です。

沈みゆく日本で、みんなと同じ働き方をしていては、全員が一緒にやられてしまいます。先ほども言ったように、どんどん技術が進化し、あなたが特権的に得ていたものの価値が低くなってしまうからです。

そこで第2章では、「守り方」を教えます。企業の論理に絡めとられることなく、「最悪、クビになっても大丈夫な状態」にしておくということです。

ここで必要なのは、社会学的視点です。押さえておきたいポイントは、「ブラック企業」と「ベーシックインカム」についての知識です。ブラック企業の論理に負けず、ベーシックインカムをもらうことを前提に生きることを目指します。

詳しくは本編で説明しますが、ベーシックインカムとは、「国民全員に生活を保障するお金を支給する」というシステムです。さまざまな議論がされていますが、**月7~8万円を配るのは可能じゃないか**と、僕は考えています。

すぐには実現されなくても、それを前提とした「マインド」にしていくことはできます。そのための理論武装を紹介します。

■「スキル×理論×経営者視点×環境」が〝無双〟だ

以上、あなた個人の「攻め方」と「守り方」を固めてもらうのですが、もう一つ必要になってくるのが、企業側の視点です。

第3章では、「企業の論理」を紹介します。というのも、僕は、学生時代に起業をして以降、サラリーマンとして働いた経験がありません。

ずっと、「経営者」側として生きてきました。

そこで、会社の「法則」と呼ばれるものを、本音でお伝えしたいと思います。ここで大事なポイントは、「企業の成長と衰退」「できる人を伸ばす」ということです。

ネット時代になり、一代で大企業にまで急成長する例も増え、その一方で事業の寿命は短くなっています。そのロジックを説明しましょう。

また、「たまたまそこにいたから」というワンチャンを狙うには、「業界選び」が重要になってきます。銀行やテレビなど、一時は時代を謳歌（おうか）した業界が「オワコン」と呼ばれている昨今で、何がこれからのチャンスになるのか。

それを、「終章」で提示して本書を締めくくります。

〝個人の「攻め方」「守り方」をマスターし、企業の「論理」を身につけて、業界としてよりよい「環境」に身を置く〟

これこそが、本書の目指す「働き方 完全無双」です。

これからも日本で働いていく上で、どんな状態があなたを相対的に有利にさせるのか。その方法を徹底的にお教えしたいと思います。

ひろゆき

働き方
完全無双

もくじ

はじめに　沈みゆく日本で生き残るために　3

どうして日本は「ヤバい」のか？
人生の「抜け道」を教えよう
それって「たまたま」じゃね？
「無双状態で働く」とは
「スキル×理論×経営者視点×環境」が〝無双〟だ

序章　まずは「個人」と「社会」を分けるところから　27

「人類は進歩しないほうがよかった」説
すべてを決めていたもの、「神」
神に逆らいはじめた「天才たち」

個人で核が作れちゃう現代
相対的に有利になれ
「権利」は徹底的に追求すべき
「守り方」を無双せよ
「これから停滞します」宣言
「頑張っている人」の足を引っ張るな

第1章 能力なんてものは存在しない
——個人の「攻め方」無双

1 「新しいこと」にはとにかく首を突っ込んどけ 48
ある日、「ゲタを履く」瞬間

「無料ツール」はやらなきゃ損
「結果」はすぐに求めるな
「参入障壁」を上げておく
「一部の熱狂的な支持」と「敵」
「著述家が最強」説

2 「イヤなこと」をやるためのスキルが人生をラクにする

62
基本は「ダメなやつ」と思え
「なんでもやります！」って言うな
「勇気ある行動」がブラック企業をなくす
「答えがない仕事」はキッパリ決断する
「ネーミングセンス」がない人へ
ゲームと割り切ればいい

「付け込まれる人生」から逃れよ

3 てっとり早く能力以外の部分で「レア」になれ 76

「貯金」があなたを自由にする
「お金が貯まる人」の思考法
「快感」って知ってる？
動物的に「強い人」はトクをする
「変わった名前の人」と営業成績
名刺に「おばあちゃんの顔」を入れる理由
雑談フェーズで「弱み」を見せろ
「声」の高低差戦略
「女性からの握手」は効果的

4 「人に好かれるか、嫌われるか」問題に最終結論を 92
「有名になること」のデメリット
人を「見た目」で判断しよう
嫌われても平気な僕の原風景
仕事も子育ても「承認欲求」は同じ
長期ビザ取得は「ハードゲーム」
「笑顔の人」は損しない

第2章 あなたが社会に殺されないために
——個人の「守り方」無双

1 「ブラック企業」から身を守る方法、まとめといた 106

ブラックさを「ラッキー」に変える
いつでも「録音」できるように
ブラックは「根絶やし」にせよ
個人がブラック化するかも？

2　若者よ、「ベーシックインカム」を前提に生きよ 114

日本は今、どんな状況？
「人件費」という見方ができるか
今すぐ２０００万円をもらうか、死ぬ直前にもらうか
「２人で月10万円」でどうにかしなさい
「高齢者優遇」が若者を殺す
「生活保護」戦略
ニート時代を「黒歴史」にしない方法

3 ひろゆき流「さっさと寝る」技術 130

誰でも簡単に寝てしまう方法

脳をダマせば眠れる

寝ることはメリットづくし

4 パフォーマンスを保つロジカル「健康」ルール 136

「世界最高齢の女性」の食事

「絶食」のすすめ

「腰痛と肩こり」対策

「鼻炎と頭痛」対策

「依存」は無くせ

激しい運動より「歩け」

第3章 会社がずっと生き残るわけないじゃん
——経営者視点の「企業の論理」無双

1 結局、「仲いい会社」が生き残る件 148

全員が「NO」と言わない人材
人間関係のトラブルは「最初」になくせ
「スキルがある人」より「いい人」を
「ランニングコスト」を下げられるか
「大きすぎる案件」を疑え
やはり「地方」がコスパ最強？

2 そもそも事業は「なくなるもの」である 160
「同じ釜のメシ」幻想
「繰り返し」は悪？
生産性か、付加価値か
「弱い個人」も戦える

3 「優秀なやつ」と「新しい産業」の足を引っ張るな 168
「働き方改革」の弱点
全体が「損」をする論理
「行き過ぎた規制」が産業を潰す
仮想通貨市場はどうなる？
「よくわからんもの」を恐れるな
「禁止」は一時的にせよ
「禁止」を禁止せよ

4
イス取りゲームではなく「イスを増やす人」を応援すればいい 180
「尊敬する人」は誰ですか？
「職人」は一国を支えられない
有能な人はボランティア団体を立ち上げるか？
金持ちに対する「国民性」の違い
「ゼロサムゲーム」は意味がない
「国内向けビジネス」はジリ貧

5
上に立ちたいなら「何もしない雄ライオン」たれ 192
「トラブル」はお好き？
「あら探し」の才能
裁判ぶっ続け生活で学んだこと
サラリーマンタイプか、経営者タイプか

6 死んでも「オワコン業界」は選ぶな 200

「コンビニ店員」は生き残るかも
売上に「変化」を及ぼしているか？
先進国で日本だけがマズい？
「無人バス」に対する反応
若者が食っていく道

終章 日本はこうやって生き延びろ 209

国が競争を降りられるか？
60年代の街並みを残すキューバ
マーライオンの戦略を学べ！

「雪山のサル」で食っていけ
「カジノ」は長期的に苦しい
スイス式「没落」のすすめ
「世界の金持ち」を呼び込もう
セレブのための「箱」を作れ
「いらない仕事」から消えていく
海外の「安い労働力」を入れるな
「競争から逃れる国」になれるか？

付録

おすすめ観光リスト 234
おすすめ映画リスト 240
ベーシックインカム案 248

おわりに　他人のためにも余裕を作る　250
文庫のためのあとがき　楽して働ければそれでいい　252

序章

まずは「個人」と「社会」を分けるところから

■「人類は進歩しないほうがよかった」説

個人のスキルの話をする大前提として、大枠のマクロの話をしておきましょう。

「はじめに」でも簡単に述べたように、「社会は停滞する」という話です。

最近、「人類は進歩しないほうがよかったんじゃないか?」という説をよく聞きます。個人の働き方にもつながってくることだと思うので、詳しく説明しておく必要があります。

今も、人類は進歩しつづけています。

スタンリー・キューブリック監督の作品に、『2001年宇宙の旅』という有名なSF映画があります。映画の冒頭、猿が動物の骨を手に持って他の骨を砕くシーンが描かれます。その後、その骨で敵猿の集団を襲うようになります。

つまり、「道具(武器)」が誕生する瞬間が描かれているわけです。

その後、映画では詳細に描かれませんが、「道具」はどんどんと進化し、最終的には、今の私たちと同じように、宇宙船を打ち上げることにも成功し、人類は宇宙で暮らすことも可能になるのです。

そして、**その「道具」の延長線上に「核」があります。**

現在、ニュースでも取り上げられるように、イランや北朝鮮が核を作っています。僕の予想では、そのうちアフリカの国だって核を持ちはじめるでしょう。

そうした進歩の流れは、不可逆的に止められないものです。

すると、最悪を想定した場合、いつかは核戦争が起こるということを僕たちは覚悟しておかなくてはいけないのです。北朝鮮がそうならなかったとしても、もはや時間の問題です。人類が進歩するということは、武器が進化していくことをも意味し、いつかそれを使わざるを得ないということになります。

だから、「人類は進歩しないほうがよかったんじゃないか？」ということが、1つの理由として言えます。

たとえば、今から100年前の人が、今の世界にタイムスリップして来たとしたら、おそらく誰だって非常に驚くと思います。

それは、**この100年間の進歩で、世界がまったく違うものになってしまったから**です。

しかし、もし西暦1300年に生きていた人が100年後の1400年にタイムスリップしたとしたら、そこまで大きく驚くことはないでしょう。

まあ、多少の驚きはあるかもしれませんが、まったくの未来に来たという意識はなく、100年前と地続きにある世界だということは感じられることでしょう。

つまり、その頃の人類の変化は、100年くらいでも緩(ゆる)やかだったわけです。

■すべてを決めていたもの、「神」

そして、もう一つ、1300年ごろの時代の人たちは、精神的に「進歩させる気」が少なかったということもあります。

その頃のヨーロッパの国々は、キリスト教の影響がとても強くありました。生まれたときから信仰心があり、何の疑いもなく神に祈りを捧げました。「神がすべてを決める」ということが当たり前のように信じられていたのです。

そうすると、人々の意識はどうなるでしょう。

新しい技術を開発したり、新たな知識を発見する必要は感じなくなり、**神が決めたルールどおりに日々の生活を送るだけで満足して幸せを感じることができたのです。**

つまり、ひとりひとりが進歩することがないので、社会全体の進歩も、当然ゆっくりになります。人口を増やすこともなく、仕事だって同じことを繰り返すことに違和感を持ちません。

もし、そのままの精神性が続いていたとしたら、今ほどの便利さは実現しなかったかもしれませんが、地球が崩壊(ほうかい)するようなリスクもなく、人類がもっと長く生き延びる確率も上がったかもしれません。

しかし、先ほども述べたように、今、世界には当たり前のように「核」が存在します。おそらく、**世界はあと1000年も保(も)たないのではないか**、というのが僕の予想です。

「核の脅威(きょうい)」と単純に言ってしまうと、リアリティがないかもしれませんが、「エネルギーを変換させると爆発物になる」ということは、つまりリチウム電池だって爆発する可能性があるので危険だということです。

リチウム電池の容量がどんどん大きくなり、どんどん便利になれば、その分だけ危険度も増していきますからね。それが爆発したときには、とんでもない破壊力で手遅れになるというと、身近な話だと思いませんか。

■神に逆らいはじめた「天才たち」

また、3Dプリンタを用いて爆発物が作れるようにもなりました。

理論上、電気を溜め込んで一気に爆発させるということは誰でもできるわけです。たまたま誰も作ろうとしていないだけで、もしテロを企てたとしたら、個人でもそういったことが可能なのです。

技術が進んでいけば、国同士の戦争で世界が滅ぶのではなく、**たった1人の「えいや!」だけで人類が終わるようになるんじゃないか。**

それが1000年保たないのではないかと僕が思う理由です。

先ほど、西暦1300年あたりの人々は進歩する気がなかったと述べましたが、ルネサンスあたりの時代から、レオナルド・ダ・ヴィンチやガリレオ・ガリレイなどの発明家や思想家が現れてきました。

彼らは言ってみれば、神に逆らって、神が作らなかったものを作り出した人たちです。そんな人たちが昔から少なからずいて、それが一定数現れたことで「**進歩すると便利になる**」というおいしさを知ってしまい、一気に人類の進歩が加速しはじめたのです。

『2001年宇宙の旅』の猿みたいに、手で持った槍(やり)や剣で戦っていただけだったのが、中東の人たちが火薬を持ち込み、銃と大砲で戦いはじめます。歴史を振り返ると明らかですが、戦争で勝った国がルールを決められるので、兵器を開発できる技術力の重要性が増してきます。

進歩するのは武器だけに限りません。食料を長期保存するにはどうすればいいか、靴や手袋をより丈夫にするにはどうすればいいか……。

国民の生活全般はどんどん豊かになっていきます。

規模も大きくなり、やがて銀行の仕組みが生まれました。国が借金をしてでも武器や兵器を増やし、他国を占領することでその借金を返すという投資をすることになり、**テコの原理のように進歩が大きく進むようになります**。

やがて、株式会社の仕組みも生まれ、コロンブスがアメリカ大陸に向かいます。中国が発明した羅針盤がヨーロッパに届いて、大航海時代が始まったのです。

■個人で核が作れちゃう現代

昔は、新しい技術が生まれない状況を作ろうと思えば、それが可能でした。

そもそも知識というのは、国や教会が囲い込み、一般庶民に行き渡らないようにされていたからです。書物や聖書にアクセスできるのは、国の偉い人や教会のトップレベルの人たちで、教育の義務もありませんでしたし、偉い人が庶民に説教をするということが行われるだけでした。それだけでグルグルと人生が続いていく構造だったのですね。

今はインターネットのおかげで、どこに住んでいても最先端の論文が読めてしまいます。専門家が解説する動画もたくさんありますし、**わざわざ大学に通わなくても教養を身につけることができます。**専門分野として極めることだって可能でしょう。

2007年以降、アメリカやイギリスで、10代の子が、「核分裂」をさせることに成功しました。そんな子が、少なくとも3人は存在が知られていて、そのうち2人は自殺をしてしまったそうです。アメリカの一人の子は、すごく優秀で賢かったそうですが、被曝容量を超えてしまって核に関する仕事ができなくなったことが理由のようです。

一方で、もうひとりのアメリカの子は、国から表彰されてオバマ前大統領と写真を撮ったりして、人生を謳歌しています。時代によってはヒーロー扱いをされてしまうという皮肉話ではありますが、つまり、10代の子でも、情報や材料を集めてガレージで核分裂炉を作れたというわけです。

どうやら、教会や大学などにある置時計の磁石に使われているレアメタルを集めたようですね。

こうして、知識が独占されていない今の時代、個人が勉強して調べれば、「核」まで作れるわけです。

ようは何でもできる時代に突入したと言えるでしょう。

■相対的に有利になれ

もし、すべての人々がキリスト教の信者のままであったならば、人類は進歩せずに長く幸せに生きられたかもしれません。それが、**中東や中国など、キリスト教徒じゃない人たちの発明により、人類の進歩は歯止めが利かなくなっていきました。**

「アジア」という言葉は、ギリシャ語で「辺境の地」という意味で、トルコに面した「エーゲ海」もスペル的にアジア海、つまり「辺境との境い目」ということを意味します。

ヨーロッパにとって「あっち側」という眼中になかったところから、便利なものがどんどん開発されていったのです。

大航海時代は、スペインが最強と言われていました。けれど、スペインは中東の人たちに乗っ取られていたのです。中東の人たちに占領され、中東の技術がスペインに根づき、航海できる技術が花開きました。

一方で、ドイツやフランスは中途半端に国が強かったので、中東の人たちを追い返し、そのお陰で技術が発展せずに大航海時代に乗り遅れることになりました。

これを聞いて、あなたは、どちらの道が幸せだったと思うでしょうか。

僕は、後者のドイツやフランスのように、いたずらに進歩しないほうがよかったんじゃないかと思っています。

個人というミクロな視点でみると、スキルを磨いて相対的に有利になったほうが人生は幸せでしょう。けれど、それを全員が一気におこなってしまうと、人類が進歩して破滅の道に突き進んでしまう結論になります。

■「権利」は徹底的に追求すべき

前置きが長くなりましたが、これからの時代の一番賢い戦略は、人口が減って日本が衰退する一方で、個人だけはスキルを磨いておく状態を創り出すことです。

つまり、「個人」と「社会」の問題を分けて考えなくてはいけません。

たとえば、「生活保護」というシステムが日本にあります。労働をしなくても、人間には生きる権利があるわけですから、その最低限のお金を国が支給しようというわけです。

その個人の問題を、社会全体として考えてしまう人は、意外と多いです。

「みんなが働かなくなったら日本はどうなるんだ！」

「汗水垂らしている人がいるのに、許せない！」

そういう意見をよく聞きますよね。それに対する答えは、「**知ったこっちゃねえ**」が正解なのです。

生活保護は、「権利」として認められているわけですから、たとえばアメリカやフランスでは、「**私は自分の権利を追求しているだけです**」という考え方があるだけです。個人は権利を追い求め、その代わり、社会のことは政治家が決めなくてはいけない。そう切り分けて考えるのが当たり前なのです。

その一方で、日本は「個人はよくても、社会全体としてよくない」という論理が当たり前のようにまかり通ってしまいます。

もし、生活保護という仕組みがよくないと思うのであれば、政治家が変えなくてはダメなので、選挙や投票でそれを主張するべきであって、**個人に対して文句を言ったり、妨害したりするのは間違っている**と思うわけです。

もちろん不正受給はよくないのですが、それ以上に、働かずにお金をもらうなんてズルい、という**個人的な感情が大きすぎる**のです。

■「守り方」を無双せよ

「ベビーカーで電車に乗ることはどうなのか？」という議論が、ニュースなどで取り上げられます。

これも、フランスの場合は、絶対に議論になり得ません。なぜなら、乗ってもいいということになっているので、個人の権利として認められているからです。

モラル的に慮(おもんぱか)ることで、社会がうまく回っていくというのは、同時に日本の良さでもあると思いますが、経済がシュリンクしていけば、それもだんだんと崩れていって、個人が主張しはじめる時代に突入すると思うわけです。

法的に権利として認められているわけだから、**「働かないでダラダラ暮らしていきます」と言い出す人の割合がだんだん増えていき、そうは思わない人は働き続ければいいんです。**

生活保護だけでなく、「ブラック企業を訴えてお金をとる」という人や、「失業保険をうまくもらう」という人など、個人がトクをすることを是(ぜ)とされる時代がやってくるわけです。そのために、個人の「守り方」について、本書では詳しく述べておきます。

僕の思想的に、「地球の寿命が伸びたほうがいい」という考えが根底にあります。みんなが生活保護になって社会が進歩しなくなって停滞するほうが、人類の歴史的にはいい気がします。

そのために、「ベーシックインカムを実現するためにはどうすればいいか会議」というのをガジェット通信で主宰し、ネット上で議論しています。

詳しくは本書でも書きますが、ベーシックインカムというのは、日本の国民すべてに、生活を最低保障するため、毎月決まった額のお金を支給する仕組みです。僕の計算では、月に7〜8万円は支給できるのではないかと考えています。

それを実現させることで、生きるためだけにムダな労働をしている負担を減らすことができますし、ひいては日本を停滞させることができます。

その一方で、**個人が「好きなこと」に100%の時間をつぎ込めるので、マンガを描くことや歌を作ること、動画配信することに邁進（まいしん）することができます。**

それをネット上で公開することで、ヒットコンテンツが生まれる可能性だってゼロではないわけです。

そんな「生態系」を、日本が先だって作ることができれば、世界でも例のない「停滞大国」としての地位を築くことができるでしょう。

■「これから停滞します」宣言

極端な例のように聞こえますが、江戸時代に鎖国していた頃、貿易を一切しなくても何百年も日本は存続することができたわけです。ほんの数百年前の話です。まあ、当時は餓死していた人もいたそうですがね。

ただ、日本人だけでダラダラと暮らして、海外から物を買わなくすることは、理論上可能なわけです。

だから、「僕たち、停滞します」ということが言えるかどうか。

もしかしたら、ギリシアなんかがロールモデルになるかもしれません。ギリシアは、「2000年前の遺産で食っていくから、今の僕たちは全員が公務員になって働かないよ」という考え方ですからね。

社会全体については、「衰退したほうがいい」という考えがある一方で、「頑張りたい！」という個人には、どんどん頑張ってほしいという考えも僕にはあります。

全員が同じように頑張るのではなく、一部の頑張りたい人が勝手にどんどん頑張っている状態が最も理想的だと思います。

そして、頑張っている人がたくさん稼いで税金を納めて、頑張っていない人が、そのおこぼれをもらうという構造にするのです。

そうすると、頑張っている人を素直に評価する社会になっていくと思うのです。

たとえば、中東の国の王族は、国民みんなから尊敬されています。なぜなら、国民の税金はタダだし、王族の人たちがたまにお金を配ることをしているからです。

金持ちの人たちのお金が回りまわって還元されていることが明確になっていれば、「あの人たちにもっと頑張ってほしい」という思いが自然と生まれます。

しかし、今の日本は、働きたくない人までもが生活のために働かされて、そのせいで一部の金持ちに嫉妬（しっと）してしまうという構造になってしまっています。

似たような労働をしていても、数千万円を稼ぐ人がいる一方で、数十万円しかもらえない人がいれば、そういう気持ちになるのも仕方ありません。

でも、稼げない人が働かないことを選択することで、「**頑張っている人を褒める**」という役割を果たせばいいと思うのです。

■「頑張っている人」の足を引っ張るな

中東のお金持ちは、「お前らも頑張れよ」みたいなことは絶対に言いません。

しかし、日本のお金持ちは、自分たちのように頑張って稼ぐことを他人にもすすめてしまいがちです。まあ、中東の場合、生まれたときから家柄が良くて土地や石油があるから、特に頑張っていないからなんですけどね。

日本は誰かが頑張らないと国が潰れちゃうわけですから、頑張りたい人は素直に応援しておくようにしましょう。

そして、頑張っている人は、他の人にもその頑張りを押し付けるのではなく、勝手にどんどん頑張ればいい。

年収が2000万円を超えると、だいたい税金で半分が持って行かれます。つまり、頑張って働いた人は、もう一人の他人のために頑張っているのと同じだけの頑張りをしています。

それを妬むのではなく、評価してあげる社会にしていきましょう。お金持ちを褒めて、浮かれさせて、もっと働くように仕向けるわけです。

僕は、これを「ヒモの精神」と呼んでいますが、**ヒモの状態になると、稼いでくれる人に感謝して尽くすようになります**。ご飯を作ってあげたり、待つことに慣れたり、愚痴を聞いて、「そうか、大変なんだね」と相槌を打ってあげて。

そういったことを、働かない人は当たり前にできる社会になればいいと思うのです。

以上、働きたい人の「攻め方」と、働きたくない人の「守り方」。

それらを個人の中で同居させれば、あなたの「完全無双」状態が完成します。

そんな働き方を目指していきましょう。

第1章

能力なんてものは存在しない

——個人の「攻め方」無双

1

「新しいこと」には とにかく首を 突っ込んどけ

ポイント

□早い人が一番トクをする
□全力でヒマを作り出す
□自分の会社を持っておくのもアリ

世の中、何が当たるかはわからないものです。面白い動画をユーチューブにあげたり、ブログを書いて広告を載せたり、珍しいものをヤフオクで売るのでもいいです。

たとえば、10年前にヒカキンさんの動画を見ても、「この人は将来、会社を上場させて年収数億円を稼ぐ」とは誰も思わないでしょう。おそらく、**「この人はいったい何やってるんだろう？」という感覚になるのが普通です。**

けれど、何か新しいことを始める人は、みんなにそういう感覚を与えます。「何やってるの、これ？」と周りに思わせる人がいて、その中の数％の人が面白がるようになり、気づいたらなぜかうまくいっている……。そんなことが起こるのです。

すると、「何か常にやっておく」という姿勢の人がトクをするわけです。

■ある日、「ゲタを履く」瞬間

ニコニコ動画がうまくいったとき、もちろんニコニコ動画そのものが成長するのは当たり前なのですが、それと同時に、「ニコ動の中で動画をあげている一般人」も有名になっていきました。

「歌い手さん」と呼ばれて歌をうたうようになったり、キャラクターが面白いから仕事が来るようになったりしました。

このように、**何か新しいサービスの上にいる人は、「そこにたまたまいる」というだけで突然、ゲタを履ける時期があるのです。**

そこで重要なのは、本人がものすごく優秀であるということではなく、「たまたま早くからそこにいた」という事実です。

会社選びでも同じことが言えます。入った会社がたまたま成長して、そのおかげで給料が増える人がいます。まあ、そのまま何もスキルを磨かなかったら、「使えないやつ」という烙印（らくいん）を押されるわけですが、そんな人でも、成長しているときに「そこにいた」ということは、転職の際にトクになることは間違いありません。

たまたまだろうと何だろうと、結果が出てしまえば理由は後付けできますからね。

だから、何か新しいことが流行したときや、最先端の人が使っているツールというのは、ヘンに斜に構えて批評家にならず、とりあえず早めに手を出しておくようにしましょう。

■「無料ツール」はやらなきゃ損

先ほどのニコ動の例と同じで、ツイッターやインスタグラムでも、最初からアカウントを持っていて定期的につぶやいたり写真をあげていた人が、そのブームによってフォロワーを増やしていきます。

そこにおいても、**本人の特別な努力や才能というものは、そこまで必要ではありません。**しかも、昔であれば、そういったチャレンジがハードルの高いものでした。

たとえば、たまたまそこに土地を持っていたら、新幹線の駅ができることになって価値が上がることがあります。ヤマを張って始めた事業が、たまたまうまくいってしまうことだってあります。

けれど、それらは、大きなリスクを伴います。やみくもに土地を購入したり、事業にお金を突っ込むことは得策じゃありませんからね。

しかし、ネット上のサービスに登録をするくらいであれば、誰でも今すぐ無料でできます。それをちょくちょくしているうちに、何かがワンチャンで跳ねる可能性があるのです。

少し前であれば、はてなブログやミクシィで面白い文章を書いていた人が次々と本を出す現象が起こりました。文章の面白さも多少必要ですが、早くから書き溜めていた人のほうが有利です。

無料で始められることは、とにかく早いほうがよいのです。

そうなると、「自分の時間」が必要になってきます。**本業に時間をとられ、残業をして、家に帰ってもストレス発散や長時間睡眠だけをして過ごしてしまうと、新しいことに目を向ける暇はありません。**

時短スキルやラクをする思考法は、本章でもいくつかノウハウを紹介しますし、本やネットの情報を利用して、意地でも身につけておきましょう。

「自分の時間」を生み出し、たとえ理解者がいないことでもコツコツやってみること。

それが結局は近道になるのです。

■「結果」はすぐに求めるな

ここまでの話は、序章でも述べた文化人類学にも通じる考え方です。

僕はよく、『銃、病原菌、鉄』（草思社）の話を例に出すのですが、ヨーロッパの国々が歴史的な勝者になれたのは、「個人の才能」ではなく「地理的環境」が要因でした。

農産物や家畜を大量に生産できたので戦争にエネルギーを傾けられ、人口が密集していて疾病(しっぺい)への免疫力が高かったから歴史の勝者になれたのです。

つまり、「**たまたまそこの大陸にいたから**」というのが超重要になります。

漫画『ワンパンマン』の作者も、ネット上でなんとなく描いていて、それが編集者の目に留まったことで一気に有名になりました。あるゲームを熱狂的に好きだった人が、誰よりも早く攻略サイトを作ったら、それが公式サイトになって広告収入で儲かったという話もあります。

僕が2ちゃんねるで成功したのも、似たようなサイトを作っている人がたくさんいた中で、**「暇で続けられた人がたまたま僕だけだった」**という結果だと思っています。

それらは、すぐに結果を求めようとする人には、耐えられない作業でしょう。

結果を求める人は、おそらく実社会で稼げる優秀な人だと思うので、普通に仕事をして収益を上げるほうに力を注いだほうが早いかもしれません。

でも、本業とは別に、個人でワンチャンを狙うことをしておいたほうがいい時代です。

1つの会社に人生を預けられる時代ではないので、実社会では素早い結果を求めながら、個人では頭を切り替えて、「新しいツール」や「ものづくり」をコツコツやっておく。

それが、無双状態の1つめの条件です。

■「参入障壁」を上げておく

「すぐに結果を求めない」ということと同じくらい大事なのが、「バッシングを恐れない」ということです。どういうことか説明しましょう。

たとえば、匿名サイトを運営していると、「悪口を書くなんてけしからん」というクレームがくるようになります。

そうすると、「2ちゃんねるはよくない」ということが世間で言われるようになるのですが、僕はそれをラッキーだと思っていました。

「悪評も評判のうち」ということもあって、知名度が上がってくれることも、もちろんメリットなのですが、それとは別に、**バッシングをされると、「他社が参入してこない」というメリットもあります**。

クレームや悪評に耐えられる人は、僕が知る限り、そこまで多くないので、あえてそこに参入してくる人は少ないのです。

事業やサービスにとって、参入障壁が上がることほどオイシイことはありません。

クレームがあっても需要さえあれば、何もしなくてもマーケットが成立するわけで、もし参入障壁が低いと、ライバルが現れて切磋琢磨しなくてはいけなくなります。

それに比べると、悪評を恐れないほうがよっぽどラクだと僕は思うわけです。

しかも、世の中の人たちは、参入障壁を作ることに必死です。

正攻法でそれをやろうとすると、政治家に法案を作ってもらって免許制にしたり、たくさんの研究開発費をかけて差別化するなど、すごい遠回りをしなくてはいけません。

それよりは、**勝手にライバルが減っていく状況でひっそりとサービスを提供し続けている道**のほうが、全然いいと思うのです。

■「一部の熱狂的な支持」と「敵」

それでも悪評を恐れる人はいるでしょう。

別の例で説明してみようと思います。

たとえば、バッシングされるメディアを見て、「価値がない」と思う人が世の中にいます。

でも、雑誌の広告には、背が伸びる薬や包茎手術など、あやしい広告がたくさん載っています。それらがバカらしいということは誰もがわかっていることで、その広告が媒体にとっての信憑性とは別のところにあって無関係であることもわかっているはずです。

そうすると、**人がいる場所さえ作っておけば、それで問題ないのです。**

これが、「テレビ」という公共の電波となると、話が別になってしまいます。1つのバッシングが命取りとなってしまって、テレビに出られなくなるタレントがたまにいますよね。

そして、それが世の中のスタンダードであるかのように、みんなが錯覚しているように思えるのですが、それは電波法に守られた事業の中だからクリーンにしておかなければいけないだけで、非常に特殊な例なわけです。

アメリカのコメディアンは、「敵」を作ることをします。言っちゃいけないことを平気で言いますし、政治家の悪口もどんどん言います。けれど、**それを「面白い！」と言うファンが1万人もいれば、それで食っていける仕組みになっています。**

僕は学生時代に留学経験があったので、そういったアメリカ型のコメディアンの生活が身近にありました。

だから、社会全体に好かれるよりは、一部の熱狂的な支持を得るほうがビジネスモデルとしては重要だと思えるようになったのです。まあ、トランプが大統領になる時代ですからね。社会でいくら叩かれようと、一番偉い人になれる格好の例だと思います。

他にも、日本にいると、一時「韓流アーティストは消えたよね」という意見を聞くことがありましたが、これも単純に彼らが「テレビに出なくなっただけ」の話です。どうも日本人は、テレビに出ないと価値がないと思いがちですが、実際は東京ドームなんかでライブをやっていたわけで、しかもたくさんのファンを集客できていたりしたのです。

日本のテレビでよく見るアーティストが、じゃあ、東京ドームに5万人集められるかというと、実はそんなに簡単じゃありませんよね。

それと同じで、みんなに好かれてバッシングされないことだけが正解だとは言えないということがわかっていただけたんじゃないでしょうか。

■「著述家が最強」説

「新しいことに首を突っ込んでおけ」というのがこの項のテーマでしたが、最後に、「会社を1個持っておくこと」を強くすすめておきたいと思います。

会社を持っておくと、なんでも経費にすることができます。

外食したときも、打ち合わせということにできますし、車だって移動手段として経費にして買うことができます。自分の趣味を会社の事業と関連付けさせれば、だいたいのものは経費にすることができます。

そもそも僕も、学生時代に会社を作って以来、その後の人生はずっとそんな感じで生きています。ネットサービスだけでなく、「著述業」もしているので、経費で落ちないものがほとんどありません。

海外に旅行したことも、イベントで話したり、ブログや書籍に書いたりするので、旅行代も経費になります。行ったはいいけどネタにならないことだってありますから、無理に仕事につなげなくても割とOKだったりします。

本業作家でなくても、ブログを書いて広告を貼っておいて、月に数百円が入ってくるだけで著述業は成立します。ユーチューバーでも、動画をあげて10円でも収入があれば、職業としては映像作家になります。

「新しいこと」に首を突っ込んでおくわけですから、いつ何が跳ねるかわかりません。その日のためにも、個人で会社を1つ持っておくことはすすめておきたいですね。まあ、面倒くさいかもしれませんし、東京都であれば法人都民税が年間で7万円かかります。それを払ってでもトクする経費を1年で使う人であれば、やって損はしないはずです。

また、副業を認める会社が増えています。副業でなくても、個人でお金が入ることはあります。中古車を売って新車に買い換えるときも、売ったときのお金は、本来、雑所得で納税しなきゃいけないはずです。ヤフオクなどのサイトで物を売るときもそうです。

それを自分の会社の売上に付けてしまえばいいのです。**それを経費として使ったり、赤字会社にしてしまえば、税金を支払う必要がありませんからね。**

起業と言ってしまうと大げさですが、これくらいの感覚で会社を持ってしまっていいと僕は思うわけです。

2

「イヤなこと」をやるためのスキルが人生をラクにする

ポイント

- □ルールはとことん甘くする
- □答えのない仕事はすぐ手離す
- □指示待ちかゲーム化で乗り切る

日々、働いていると、どうしても避けられない「イヤなこと」というものがあります。僕もそういったことは極力排除してきたのですが、それでもやらなきゃいけないことはいくつか残ります。

僕の場合、とにかくデスクワークが苦手です。領収書の整理なんかは、つい後回しにしてしまいがちです。

ただ、夏休みの宿題と同じでいつかはやらなくてはいけないわけで、イヤでもやってしまえる方法があるので、それを紹介したいと思います。

■基本は「ダメなやつ」と思え

前著『無敵の思考』でも書いたように、基本的に、僕はなんでも「ルール」にしてしまうのですが、キツいルールを設定することはありません。

たとえば、領収書の整理をするとしたら、**「今から4時間だけ好きなゲームをやって、その後、17時に1枚だけ作業する」**ということにします。

ここでのポイントは、できるだけ自分に甘いルールにしておくことです。

そうすると、1枚だけ作業してしまえば、「もう1枚くらいやっておくか」となり、少しずつ作業が前に進み出します。

人間って、何かをやり始めることは苦手ですが、一度やってしまえば継続するようにできています。一度始めたことは、今度はやめてしまうことのほうが難しくなってしまうのです。

4時間のゲームと1枚の領収書だと、あまりに不釣り合いなので、自分の中に「罪悪感」も生まれます。すると、ゲームをしているときから、すでにモチベーションが出てくるので不思議なものです。

ダメな人に限って、自信満々に大きな目標を立ててしまいます。「最高の状態のオレがバリバリやればきっとうまくいく」と思ってしまうのですが、それでは後々つらくなるだけです。上手に自分を騙せる人がうまくいくのです。

それと、「**自分の記憶力に自信を持たない**」というのも大事なポイントです。

一度読んでしまったメールは、後で返信しようとしても絶対に忘れてしまいますし、心の負担としてよくないです。僕の場合、1日に200通くらいのメールが来るので、その場で返さなかったメールがもう一度思い出されることはありません。

それくらい記憶力が悪いので、自分が本当に反応しなくてはいけないメールを瞬時に判別してすぐに返信しておく、というクセがついているのです。

メール入力も、「おせ」と打つと、「お世話になります。西村です。」の文章が出るようにしていますし、丁寧なメールを書くキャラクターでないことは周りに認知されているので、とにかく時間をかけないように徹底しています。

■「なんでもやります！」って言うな

僕は就職をしたことがないので、サラリーマンの人とは仕事をしている感覚が少し違うと思います。

ただ、学生時代にやっていたアルバイトは、働く上での原風景として残っているので、その経験からいうと、「**仕事と部活の差はない**」という考えが僕の中にあります。

調べものや資料作成など、最低限やらなくてはいけなくて、しかも〆切が設定されているような仕事の場合、それをやらないでおくと後で面倒くさいことが起こります。

そういう仕事と、部活動のときの部室の掃除や先輩の世話なんかは、本質的に違いがないように感じるのです。まあ、お金がもらえるかどうかという違いはありますが、「理不尽を経験する」という意味ではどちらも同じです。

その分、部活の場合は試合に勝つとうれしいですし、仕事の場合もプロジェクトがうまくいくと楽しい気持ちになりますよね。

また、部活では先輩や先生が絶対的存在だったように、生活するためにはどこかに所属して働かなくてはいけなくて、しかも会社に利用されることが多いわけです。

そうすると、**「なんでもやります！」という姿勢でいると、どんどん利用し尽くされてしまいます**。企業にとって、こういった精神の人材ほど、オイシイものはありません。

なぜなら、社員にやらなければいけないことを押し付けて、それができないのは個人の努力のせいにできるからです。

やがて、放っておいても遅くまで残業したり、休みの日を返上してまで遅れを取り戻そうとしてしまいます。それで生じた残業代を企業が支払わないことで、企業にとっては安くモノやサービスを提供することができてしまいます。

それこそがブラック企業を生み出してしまう本質であって、しかも、まともな企業はブラック企業に競争で勝つことができません。

■「勇気ある行動」がブラック企業をなくす

日本はどんどん景気が悪くなりますが、モノやサービスの質は下げられないので、ブラック企業は増え続けることになります。

それをなくすには、序章でも説明したように、「別に生活のために働かなくてもいい」という社会をベーシックインカムで実現させるか、あるいは個人が「これはやりません！」という意思表示をするしかありません。

ブラック企業で働いている人がいるから、ブラック企業が生き残れてしまうわけで、働く人がいなくなれば必然的に回らなくなります。

ブラック企業大賞を受賞するような有名企業であれば、それも認知されるのですが、多くの企業はブラックかどうか外からはわかりません。

だからこそ、「あれ、ウチってブラックじゃね？」と感じたら、「ノー」と言う、あるいは、すぐに辞めるようにすることが大事なのです。

そのための「個人としてのスキル」と「社会的なスキル」があるので、この章では、前者のほうを説明していきましょう。

■「答えがない仕事」はキッパリ決断する

会社を辞める練習の一環として、普段から**「諦める」「手離す」**ということをするのをおすすめします。

たとえば、「デザイン」という仕事があります。プロのデザイナーの人であれば、おそらく細部にまでこだわりを持つかと思いますが、一般の人が同じように時間をかけてデザインに取り組んではいけません。なぜなら、デザインの仕事には明確な答えやゴールがなくて、100点満点が見えないからです。

プログラムを書くという仕事でも、処理速度を速めたり、リソースを少なくしたり、突き詰めれば100点満点のゴールに近づける性質はあります。しかし、プログラムは基本的には、「動けば問題がない」という場合がほとんどです。

文書の作成だって、名文のように削ぎ落とされて読みやすい文章という意味で完成度を高めることはできますが、「読めれば問題なし」ということが多いでしょう。

そのような仕事は、**自分の中で完成と思えば完成であって、さっさと終わらせて手離れさせるのが一番です**。もし、上司などから「ちょっと違うんだよね」と言われても、答え探しの旅に出るのではなく、「じゃあ、どうすればいいんですか？」と、率直に言語化させるようにしましょう。

僕の友人に、季節労働をしているやつがいます。3ヶ月くらい働いてお金を貯めたら、ダラダラとニート生活をし、またお金がなくなったら仕事を始める、という働き方です。エンジニアとして優秀だからこそ、それが可能なわけですが、それでも、ブラックな働き方とは無縁という点で学べることが多いです。

そいつもやはり、完成度を高めるよりは、「素早く納品する」ということに重きを置いています。

いつまでも自分ごとのように仕事を抱え込んでしまうと、ブラック企業の体質に取り込まれてしまいます。普段の仕事でも、「えいや！」と手離すようにしたいところです。

ウェブの世界だと、バグがあっても後で直せばＯＫです。まずは試作品として世に出してみて、文句が出れば直すというほうが、僕は気がラクです。

文章でも、ブログやツイッターで書きたいことを書いて、もし、「間違えていますよ」と指摘があれば、そこで訂正をすればいい。世の中に出す前に細かいところまで予測して議論してもムダだと思うんですよね。

けれど、パッケージゲームや書籍を作る場合、パッケージングの段階で完全な状態にしなくてはいけません。**わりと日本人は、完成品として出すほうを好みますが、今後はどちらの仕事に身を置くかを明確に選び取っていきましょう。**

１００時間考えたらすごい良いものができるときは、それだけの時間をかけたほうがいいと思います。けれど、時間をかけてもムダだと判断したら、５分であきらめて寝たほうがトクだと考えましょう。

■「ネーミングセンス」がない人へ

僕の場合、長い文章を書くことと、名前を決めることが苦手です。ウェブを作るときでも、ドメイン名はコロコロと変えられないので、いつも困ることが多いです。

ちなみに、「ニコニコ動画」という名前は、川上量生（かわかみのぶお）さんが、「しょうもない名前にしよう」と言い出して決めました。

なぜなら、もし著作権違反の動画があったとして、相手が大企業であったりしても、しょうもない名前だったら本気で怒りにくいですからね。**マジメな会議の場で、「このニコニコ動画というのは……」とか言っていたら、非常にマヌケなわけです。**まともに相手することがバカらしくなるような名前は、そういったときにトクすることがあります。

僕が名付けた会社名は、「東京プラス」や「東京アクセス」というなんの面白みもないものです。

あまり目立ちたくない性格が表れているわけです。

たとえば、ソフトバンクという社名は、「バンク」と付いているところに、孫正義さんの野心が表れていると思います。バンクと言われたら「銀行」と誤解してしまいがちですが、法的には問題がありません。「だから付けちゃえ」という思いきりのよさが感じられます。ちなみに、「○○証券」だと証券会社でなければ法に触れます。

そのように、**会社名と社長の人柄は、結構、無意識にリンクしています。**

「東京プラス」「東京アクセス」を考えたのは、単純に地名を付けると昔からある会社っぽいからです。そして、地名は狭ければ狭いほどいいのです。亜細亜大学より日本大学、日本大学より東京大学のほうが賢いですからね。

それに、カタカナを付ければ、なんとなくネットっぽい会社に見える。そういうどうでもいい名前を付けているので、僕の性格がそこに表れているということでしょう。

■ゲームと割り切ればいい

「仕事＝部活」に話を戻すと、僕はコンビニでアルバイトをしていたのですが、辞めるときに店長から、「あなたが今までで一番最低のバイトだったよ」と言われました。

なぜなら、**言われたこと以外はやらなかったからです**。いわゆる「指示待ち」というやつですね。

もちろん、お客さんが来たら、「いらっしゃいませ」と言いますし、困っている人がいたら応対していましたが、それ以外は基本的に座ってマンガを読んでいました。

だから、お店としては問題がなかったはずなのですが、気持ちとして「店頭で立っていてほしい」という思いがあったようです。

まさに、部活動と同じ理不尽な要望ですよね。

世の中には、アルバイトでも一生懸命にやって売上に貢献しようとまでする人がいます。

たとえば、モスバーガーでは、高齢者の方を率先して採用するそうです。サービス精神も旺盛で、自分ごとのように掃除をしてくれますし、お客さんの顔と名前を憶えて雑談をしたりするからだそうです。

それに近いことを、僕も一度やったことがあります。

スーパーの総菜売り場で働いたことがあって、ある日、ウナギを担当して売っていました。そこで、結構売りさばくことができたのです。

お客さん全員に向けて大声を出しても、意外と反応が薄かったりします。自分に言われている気持ちにならないんですよね。けれど、人通りが少ないときに一人に向かって声をかけると、相手は反応せざるを得ない気持ちになります。

そうやって何人かに声をかけると、5～10人に1人が買ってくれます。というように、**つらいことでもゲーム感覚にするコツを覚えたのです。**

頑張る時間帯も、お客さんの多い19時くらいはあまり売れないので、その前後の、人がまばらな時間帯に集中して声掛けするようにしました。

まあ、最終的には、僕の友だちが賞味期限切れのお惣菜を盗んで、それを食べようとしたことがバレて、僕が代わりにクビになったんですがね。

コンビニの場合は、タダでマンガを読める環境だったので、できる限り座ってマンガを読むようにして、スーパーの場合は、どうせ立って売らなきゃいけないんだったら、結果を出したほうが面白いと思ってゲーム感覚で頑張ってみて……。

いざ、やるときはやれるようにしといたほうがいいですよ、という話です。

■「付け込まれる人生」から逃れよ

スーパーの話に関連させると、人に声をかけるのが苦手な人って多いですよね。でも、それと同時に、「**声をかけられることにも弱い**」ということが言えます。

たとえば、試食した後に断りきれなくて買ってしまう人というのがいます。アパレルショップでも、試着した後に、「そこまで良くないな」と思っても、つい買ってしまう人がいるそうです。

知り合いのナンパ師によると、「押せば落ちる子」というのが一定数は必ずいるらしいです。最初に話しかけた段階で、「あ、この子は断るほうを面倒くさがりそう」ということがわかると言います。

そういう考え方をしていると悪い人やブラック企業に付け込まれるので、早めに脱したほうがトクだと思いますよ。

3

てっとり早く能力以外の部分で「レア」になれ

ポイント

- □お金は全力で貯めておく
- □体力で勝てるようにする
- □人に覚えてもらえるかが重要

サラリーマンであろうと、アルバイトであろうと、今、働いている仕事が好きなことであれば、全然続けてかまわないと思いますが、「こんな状態だったら辞めとけ」という場合があるので、それを説明しましょう。

それは、「**100万円の貯金ができているかどうか**」です。

仕事を選ぶ上で、年収というのは、そこまで気にする必要はない尺度だと僕は考えています。なぜなら、年収1000万円でも生活費カツカツで暮らしている人より、年収500万円で毎年100万円貯金できている人のほうが、生きる上で絶対に有利だからです。

何の分野かによりますが、**人間のたいていの能力は、ある程度の年齢を超えると衰**（おとろ）**えていきます**。

会社員だと、能力の代わりに、管理職に就いてポジションがよくなることで給料が上がっていくわけですが、30代でバリバリ働いている世代が能力としてピークであることがほとんどでしょう。

■「貯金」があなたを自由にする

35歳を超えると転職が難しくなるという話をよく聞きます。それも、この能力の問題が関係してくるわけです。

しかし、このご時世、ずっと同じ会社で働き続けて出世していくことは、どんどんレアケースになってきているので、やはり辞めることを前提で生活を考えておかなくてはいけません。

そうなってきたときの1つの尺度が、「年に100万円を貯められるか?」という基準です。働きはじめた22歳くらいからであれば、32歳で1000万円を貯めておくことができます。そうなると、人生に十分な余裕ができますし、**「イヤだったらいつでも辞めてやる」という強いマインドで働くこともできます**。

「年100万円なんて無理だ」という声が聞こえてきそうですが、僕がバイトしていたときのフリーターの先輩でも年100万円を貯金していました。年収が問題ではないのです。

■「お金が貯まる人」の思考法

高い年収でも貯金できない人というのは、2つの理由があると思います。1つは、「ストレス発散にお金を費やしている」ということ、もうひとつは、「すべてのジャンルにおいて生活レベルを上げてしまっている」ということです。

仕事のストレスは、その仕事で発散させるのが一番理想です。いくら年収が高くても、常にストレスフルな状態で、マッサージに通ったり高い食事にこだわるようになってしまえば、本末転倒ですからね。**一度、今のストレスレベルを基準にして仕事選びを考え直してみましょう。**

もうひとつは、生活レベルについてですが、たとえば、優秀な経営者にどんぶり勘定な人はいません。一見、年収が高そうな経営者の人でも、仕事においては1円でもコストを下げる努力を欠かしていないわけですから、もちろんプライベートもそうです。収入があるからといって家賃の高いところに住めば、それに合わせて、家具や食器などもレベルアップさせる人が多いです。

「自分には意味がない」と思う部分には、主体的にお金を使わないようにしましょう。

一般の人でもそれを意識するだけで、「貯金ができる体質」に変わることができるでしょう。

■「快感」って知ってる？

「能力の衰え」に話を戻すと、「体力のある人」は社会で成功する確率が上がります。

優秀かどうかは遺伝によって差が生まれるものですが、「ここぞ」というときに、「あと一歩頑張っていればうまくいったのに……」となるかならないかは、「能力」よりも「体力」の問題です。

どんなに頭のいい人が相手でも、相手が寝不足で疲れていたり徹夜に持ち込んでやれば、容易に勝つことができますからね。

また、有名な社長は、マラソンやトライアスロンにハマっている人が多いですが、やはり自分を追い込む「M気質な人」は優秀になる率が高いと思います。

体に負担をかけていると、続けているうちにマヒしてきて、最後には快感に変わります。**つらいことを喜びに変える思考を体が覚えていると強いですよね。**まあ、ハードな運動をする人は寿命が短くなりますから、ほどほどがベストだとは思いますがね。

さらに健康に関する「守り方」は、第2章で詳しく説明しましょう。

■動物的に「強い人」はトクをする

ＩＴ業界であまり人相手の仕事をしないのであれば、そこまで関係はありませんが、人間が人間と対峙（たいじ）したときに、「**動物的に勝てるかどうか**」で判断する人は意外と多いです。もちろん、無意識にそう感じることがほとんどだと思いますが、単純に体が大きい人のほうがリーダーシップを発揮して有利に物事を進めることが多いです。

いくら年下の後輩でも、体格がよくて精悍（せいかん）な顔つきだと、強気に出られないこともありますからね。

そういった戦略的な意味でやはり筋トレはしておいたほうがいいと思います。実際に重いものを持ち上げる機会はあまりなくても、交渉の場で面と向かうだけで、相手を威圧することができますし、交渉スキルよりもラクでおトクで有用だと思います。

そういうと、すぐにジムに入会する人がいますが、先ほどの話を思い出してください。何でもお金をかける生き方はよくありません。お金をかけなくてもマッチョになることはできます。

意外と喧嘩っ早い人や、オタクな人は、筋肉をつけることに抵抗があるといいます。「筋肉バカ」という言葉のせいでしょうね。

そんな人のために背中を押しておくと、やはり、筋肉がついている男性が好きだという女性は多いです。それを口に出して言う女性はほとんどいないでしょうが、**「守ってくれそうな感じ」は、雰囲気が醸し出すものです。**

ちなみに、僕の場合は、筋肉の代わりに「格闘技スキル」があるので、別にマッチョじゃなくてもOKということにしています。

■「変わった名前の人」と営業成績

「筋肉」と同様に、働く上で意外なことが有利になることがあります。

何か仕事を外注したいときに、「あ、そういえば、あんな人がいたな」とあなたを思い出してもらうことができれば、その仕事があなたに舞い込むことになります。**人に「覚えてもらえるかどうか」は、「たまたまそこにいる」と同じくらい重要なことです。**どの企業に所属しているかも大事ですが、世の中は、案外、そういうことで回っていたりします。

覚えてもらうことを目指して、いくつか例を考えてみましょう。

たとえば僕の場合、体重１００キロの人であれば、だいたいの人は覚えています。自己紹介のときに、「僕、体重１００キロ超えているんですよね」と言われたら、一発で印象に残ります。

とはいえ、全員がそこまで太ることはできませんから、他の例をあげると、僕の知り合いに大島ジュドーというやつがいます。「機動戦士ガンダム」にジュドー・アーシタというキャラクターがいるのですが、大島ジュドーの父親がガンダムファンで、そこから付けられたそうです。

もう一人、元同僚で織本というやつがいるんですが、名前が五郎清健（ごろうきよたけ）という名前です。親がちょっと変わっているらしくて、話題になってすぐに覚えられるんですよね。

彼らの場合は本名ですが、タレントなんかは芸名を使う人が多いですよね。

タレントに限らず、たまに会社員でも芸名を使っている人がいます。

営業の人も、必ずしも本名であることにこだわらず、戦略的にどんどん芸名を使っていいんじゃないでしょうか。

ガジェット通信で放送ディレクターをやっている「忍野(おしの)ぺぺ」というやつがいますが、もちろん本名ではありません。みんなが「ぺぺさん」と呼んでいて、取引先の人も「ぺぺさん」と呼んでいます。そうすると、逆に本名は誰も知らないことになってしまうのですが、それでも業務上は何も問題がないわけです。

会社員じゃなく、個人でフリーで働いている人は、よくペンネームを使っています。放送作家やライターの方に多いですよね。占いで験(げん)を担いだりして、下の名前だけをカタカナにしたりする例もよく聞きます。

ただ、どうせ変えるなら、覚えられやすい名前を名乗ってしまえばいいと思います。本名は聞かれたら答えればいいだけです。これからは組織に所属せずに個人で仕事をする人も増えていくでしょうし、ぜひ使ってほしいスキルです。

名前が難しいのであれば、「**ずっと同じ服を着る**」という個性の出し方もアリです。僕の知り合いに、ずっと赤いTシャツを着ている人がいます。ジャケットやYシャツを着ていても、その下には必ず赤いTシャツを着ていました。すると、やはり「赤Tの人」とかいって覚えられるわけです。

■名刺に「おばあちゃんの顔」を入れる理由

話のきっかけになる材料は、1つでも多いほうがトクします。何も用意せずに挑む人が大多数だと思うので、それをやるように意識するだけで頭ひとつ抜けることができます。

よくあるのが、名刺の形が変わっている会社です。やや大きい名刺だったり、極端に小さかったりすると、話のきっかけになりますよね。

電通の名刺の裏がひとりひとり違う色というのも面白い例です。たしか、100種類以上の中から好きな色を選ぶらしいです。なので、他の人とあまりかぶらないわけです。

いろいろな場所で、「これ、ひとりひとり色が違うんですよ〜」という会話がされていることだと思います。

もうひとつ面白い例があって、ニューヨークの広告代理店の人だったのですが、名刺の裏に「おばあちゃんの写真」が載っていました。

しかも、それがひとりひとり違うおばあちゃんだったのです。

名刺を渡されて、そのおばあちゃんについては何も説明されないのですが、やはり気になるので、こちらから聞いてしまいますよね。

すると、「みんな、自分のおばあちゃんの写真を名刺の裏に印刷するんだ」ということを教えてくれたのです。**白黒のおばあちゃんの写真は、デザインとしてもインパクトがあっておしゃれで、しかも「家族思いの人」という広告代理店とは真逆の印象を与えることができます。**

それがもし、「お母さんの写真」になってしまうと、ちょっと微妙なのですが、「おばあちゃんの写真」というところが絶妙なラインでとても賢い例ですよね。

■雑談フェーズで「弱み」を見せろ

他に印象的な人だと、初対面の打ち合わせ中に、カツラを取った人がいました。

僕が、「この人、ちょっと怪しいな」と思って目線が上がったと思うのですが、それを感じてか、すぐに取ってみせてくれたのです。

それをやられると、**「自分の秘密を共有してくれた＝いい人」**というように誤解してしまうのです。

たぶん、誰にでもカツラを取っていると思うのですが、印象を残すという意味ではいい作戦です。1回目はおそらく覚悟が必要だったかと思うのですが、それでうまくいった成功体験があるのでしょう。

カツラを取るのは特殊な例ですが、自分の弱みを見せられる人は強いです。

最近太ってきたことや私服がダサいこと、似ていると言われるお笑い芸人などを、先に自分で言ってしまうのです。

タイミングとその場の空気にもよるかもしれませんし、もしかしたら相手に逆に気を遣わせてしまうかもしれませんが、何度か試してみるとコツがつかめると思います。ポイントは、**本題の話をする前後の「雑談のフェーズ」に入っているときです。**

僕も、あまり洋服にこだわりがないので、「あ、これ学生時代から着ているんですよ」とサラッと言うようにしています。変にカッコつけてしまうより、全然、好印象で覚えてもらえると思うんですがね。

ちなみに髪型は、坊主とアフロが最強です。「あのアフロの人いる？」という感じで評判が広まるようになりますし、**名前は忘れられても「記号」の役割になります。**

僕の友人に、「ひげおやじ」と呼ばれているやつがいますが、メールでも「お世話になります。ひげおやじです。」と書き続けているうちに、まわりも次第に「ひげおやじさん」「ひげさん」と呼ぶようになりました。

あだ名を広めてしまうのも、一気に親しみが生まれるので、結果オーライではありますが、いい戦略です。

■「声」の高低差戦略

ユーチューバーのように、ニコニコ動画の中にも、「生主（なまぬし）」と呼ばれる人たちがいます。彼らの中で大成功しているのは男性が多いのですが、それは「声」が理由じゃないかと僕は思っています。

面白さでいうと、男性も女性もそんなに変わらないと思うのですが、長時間ずっと話を聞き続けられるのは、「高い声」よりも「低い声」なんですよね。

女性の生主には、アイドル的なファンの人は付くのですが、甲高い声は聞き続けていると負担になってきます。ラジオＤＪなどを思い浮かべるとわかりやすいかと思うのですが、低い声の人は、「いい声」とよく言われますよね。

コメディアンなんかは、声の高い男性が多い印象ですが、そういった瞬発力を発揮するときには、もしかしたら高い声のほうがいいのかもしれません。

以上を踏まえると、**短い営業トークで記憶に残すのであれば高い声で攻めるようにして、長い商談やプレゼンをするのであれば低い声で話したほうがいいでしょう。**

話すスピードも重要です。

思考の速度と話し方のスピードは比例しがちなので、僕なんかも早口で話すほうだと思います。

ただ、早口だからといって、必ずしも頭の回転が速いかというと、そういうわけでもありません。ズレている考え方をしたまま一生懸命しゃべっている人も多いですからね。

自分が思っているよりも、ゆっくりめで話すほうがちょうどいいと思います。

■「女性からの握手」は効果的

政治家の人が選挙活動中によく握手をしていますが、あれも戦略的には正しいと思います。外国人もよく握手をしますし、日本の営業マンでも、たまに見かけます。

打ち合わせの終わりに、「今日はありがとうございました」と言って手を出されると、悪い気はしませんし、相手にも覚えてもらいやすくなります。それに、単純に身体的接触をすることはマイナスではありませんからね。

あと、その瞬間だけ「相手と対等になれる」というのも、いいポイントです。相手がとても偉い人だったり、モノを売る側と買う側で上下の差があったりしても、**握手することで一度は対等な関係に戻せます**。

特に、女性から握手をする、というのはあまり見かけない光景なので、女性から率先してやってみると印象が非常に上がると思います。

そうかといって、「親しみやすさ」と「なれなれしさ」を勘違いしてはいけません。たまに、背中をポンポンしたりする男性がいますが、これは逆効果なのでやめたほうがいいです。あくまで握手には、「礼儀作法の上でやりました」というエクスキューズがありますからね。そのへんのエチケットは守っておいたほうがトクですよ、という話です。

経歴を詐称していた例として、ショーンKさんの事件がありましたが、「能力とは何か」の本質を考えると、所詮はテクニックが重要なことがよくあります。特に、サラリーマンのような仕事には、不確定要素が絡むことが多いでしょう。だからこそ、ここで紹介した話はバカにできないスキルだと思います。

4

「人に好かれるか、嫌われるか」問題に最終結論を

ポイント

- □見た目の情報で判断する
- □愛社精神はいらない
- □困ったら笑顔でニコニコ

前項で説明したように、企業名で仕事をすることより、個人で仕事を取る時代になってきています。SNSで誰でも発信できる時代ですから、「有名になること」問題についてここではみていきましょう。

有名かどうかは人の定義によります。ある調査によると、日本で最も顔と名前を知られているのは、タモリさんだそうです。それでも国民の約98％の知名度だそうで、残りの2％にとっては、「有名じゃない」ということになります。

とはいえ、こんな僕でも、世間では有名人の部類に入るかと思います。

そうはいっても、キャラクターでお金を稼いでいるわけではなく、事業などの「アウトプットしたもの」で有名になっているので、いわゆる有名人とは少し違うような気もしますがね。

■「有名になること」のデメリット

いちばん幸せなのは、無名な金持ちだと思います。**日本はテレビの影響が強いので、有名税が海外と比べて高く付きがちです。**

ちょっと名が知れた人であれば、不倫しただけで報道されてしまいますからね。

けれど、有名になった後に、「やっぱり無名に戻りたい」というのは、これからのネット時代では言ってはいけないことの一つだと思います。経済的に成功したり、仕事がうまくいったりするのに、有名かどうかという要素も関わってくるわけです。**一度名が知られれば不可逆的であると覚悟しましょう。**

結果として、僕の名前は知られるようになったのですが、無名のままでいようと思えばいられたと思います。

ただ、メディアの人たちの社会がどうなっているかに興味があったので、取材を断りませんでした。2ちゃんねるは報道ではバッシングされたわけですが、僕は別に悪いことをしている気がなかったですからね。

■人を「見た目」で判断しよう

ということで、僕は、世間でどう言われるかあまり気になりません。

「ひろゆきさんはメンタルが強いですよね」ということをよく言われます。

おそらく、「こう見られたい」「世間に認められたい」という願望がポッカリ抜けているんですよね。タレントの人なんかは、そういう願望を強く持っているので、言動に気をつけたり整形したり、いろいろと頑張ると思うのですが、そういう執着がないわけです。

71ページでも述べたように、会社名はどうでもいい名前を付けますし、ファッションに気を遣うこともありません。

人の見た目や成果物に、そういう性格が表れるので、逆に、人を判断するときに便利な尺度になります。まあ、性格が悪いからといって能力が低いわけではないのですが、ストレスレスに仕事できるかどうかは、僕にとっては大事なことなので、見た目で人を判断するようにしているのです。

たとえば、サイトウさんという人と仕事をしたときに、「斉藤」「斎藤」「齋藤」で、メールを打ち間違えることがあります。そんなことでいちいち目くじらを立てるような人とは、性格的には合いません。

名前を間違えることに寛容的な人のほうが、個人的には好意を持てるので、あらかじめそういう人かどうか知っているほうがいいですよね。

■嫌われても平気な僕の原風景

普通に働く上では、「みんなから好かれたい」と思う必要はないと思います。狭い社内では、**「嫌われる人には嫌われるもんだ」と割り切っていたほうが精神的にラクなはずです。**僕の場合、小学校のときからクラスの人気者になったことがありませんし、人にどう思われていたか客観的に考えたこともありません。

その原体験として、「トカゲ事件」というのがあります。

僕は小学生のとき、トカゲが好きで、生きているトカゲを集めていました。公園や河原を散歩していても、すぐにトカゲを見つけて捕まえていました。

ある日、マンションの下の階に住んでいるおばさんに、善かれと思ってトカゲをばら撒(ま)いてあげたのです。

すると、めちゃくちゃ怒られたんですよね。今思えば、当たり前のことだったのですが、当時の僕は、「親切でやったのに、なんで怒られるんだ」と思って、そのおばさんの腕に嚙みついちゃったんですよね。

というわけで、それ以降、恩を仇で返されても仕方がないと思うようになり、人に対して期待をしないようになったわけです。まあ、そのおばさんがトカゲ好きだったら、僕の行為は褒められて、僕の人生は大きく変わっていたかもしれません。

電車で席を譲ろうとしたら、「そんな年寄りじゃない!」と言われて怒られることがあるかと思いますが、世の中はそんなものなんだと諦めたほうがラクでいいと思います。

人はすぐに「慣れる」生き物です。

たとえば、僕は同じ本を2回読んで面白がれるのですが、それは記憶力が悪いおかげです。でも、記憶力がいい人は、2回目に読んでも面白がることができません。

それと同じで、**親切をすれば感謝されることが当たり前でいると、感謝されたときの喜びは少なくなってしまいます**。けれど、人に期待しないでおくと、たまに感謝されたときにものすごく幸せに感じることができます。

だから、僕は人に期待しないようにしているのです。

■仕事も子育ても「承認欲求」は同じ

他人が動いてくれないときに、「なんで動いてくれないんだよ」と怒ってしまう人は、ストレスフルな毎日を送ることになります。けれど、「まあ、そういう人なんだし」と諦めることができれば、ストレスフリーに生きることができます。

他人に限らず、「会社に期待する」「人生に期待する」という考え方がクセづいてしまうと、やがてギャンブルに望みをかける生活を送ることにもなりかねません。

それくらい、「期待値」というのは扱いにくい概念であって、**期待値は下げられるだけ下げておくほうが人生絶対にトクなのです。**

また、愛社精神や帰属意識についても、僕は懐疑的です。どんな場所であれ、「そこにいた」という事実があれば、人は絶対に愛着を覚えます。ホワイト企業に勤めようと、ブラック企業で働こうと、「そこで働いていた」という事実に代わりようがないので、結局は帰属意識が生まれてしまうものです。

だから、変に愛社精神を持ってしまって、「辞められないかも」と思う必要はありません。会社ではありませんが、僕だって、グーグルストリートビューで故郷である東京の赤羽（あかばね）やアメリカのアーカンソー州を見れば、「懐かしいな」と思うことがあります。

だからといって、そこが特別なわけではなく、僕にとって、「たまたまそこにいたからにすぎない」だけの話です。

帰属意識もそうですが、仕事と承認欲求が混同されることも多いです。

会社で働くことで、上司やお客さんから認められて、それによって安心を得る人はきっと多いことでしょう。たしかに、仕事は結果がわかりやすいのですが、**別に仕事でなくても承認欲求を満たすことはできます**。

子育てをして、その子どもが幸せになるのであれば承認欲求が満たされるでしょうし、歌を作ったり漫画を描いてネット上やリアルの友達に褒められれば、それも承認になります。

そこにおいて、優劣なんて存在しません。

ですが、承認を強く求めるか、あまり求めないかというのは、人によって大きく異なります。

ちなみに僕の場合、「承認されないこと」のほうが好きです。

海外旅行が好きなのも、そこで何者でもない状態になれるからです。誰にも認められない状況で、それでも何とか生きていく術を見つけていく作業が、ゲームのようで面白いからです。

たとえば、日本にいる限り、僕が何かで困ったとしたら、きっと誰かがすぐに助けてくれてなんとかなると思います。

財布も何も持たなくても、知り合いの会社に行ったり、街で話しかけられて助けてもらったりできるので、非常にイージーモードなわけです。

これが海外となると、徒手空拳でなんとかしなくてはいけないので、ゼロからスタートする楽しみを覚えるのです。

■長期ビザ取得は「ハードゲーム」

マレーシアに長期ビザを取りに行ったときのことです。

それ専門にやっている業者もあるのですが、僕は、**あえて業者に頼まずに取得しようと思いました**。一応、マレーシア政府のホームページに、必要な書類や手続きは書いてあります。だから、難しいほうにチャレンジしてみようと思ったのです。

まずは書類をザッと用意して、そこまでは順調でした。

けれど、最後に、「マレーシア人によるサイン」というのが必要になりました。

もちろん、マレーシア人の知り合いは一人もいません。

帰国が2日後に迫ってきて、今日か明日までに取得しなければ間に合わない状況です。テキトーに名前だけ書くこともできそうですが、マレーシアの場合、国民番号を書かなくてはいけないので、ウソを書くと後でバレます。

とはいえ、承認することに義務はないようなので、ホテルの受付のお姉さんに、「僕は怪しいものじゃないよ」ということを説明して、しつこくお願いしてサインしてもらいました。

そして、無事、僕はマレーシアの長期ビザを取得することができたのです。

日本では体験できないハラハラ感を味わうことができました。

■「笑顔の人」は損しない

今、僕はフランスに住んでいるのですが、そこでの生活も、基本はハードモードです。どこに住んでも、最初は役所に行くことになると思いますが、外国では何を言われているかほとんどわかりません。

自宅にインターネットを接続するときも、一苦労でした。

工事のおじさんが来たのですが、僕が英語で話しても通じなくて、お互い辞書を使ってそれを見せ合いながら話をしました。

すると、建物の地下に光ファイバーの集積器があるそうで、地下のカギが必要だとのこと。二階に小さな病院が入っているのですが、そこに行ってカギを借りて、ようやく事なきを得ました。

そのときのポイントですが、**言葉が通じなくても、僕は終始、「ニコニコする」ということにしています。**工事のおじさんが来ても、病院にカギを借りに行っても、とりあえず笑顔でいるようにします。

それは、留学していたアメリカでもそうで、とりあえず笑顔でいると、なんとかなることが多いです。日本以上に礼儀を大切にする国は意外と多くて、たとえばフランスでタクシーに乗った場合、最初に「こんにちは」とニコッと挨拶しないと、相手が驚いた表情を浮かべます。

人って、接点を持ったときに笑顔で挨拶をしておかないと、違和感が残ったままなんですよね。

スーパーのレジや映画館のチケットを切るときなど、海外にいると、「こんなところでも挨拶するのか」と驚く場面がいくつかあります。そうすると、**逆に今度は、自分が挨拶をされなかったり、しなかったりすると、不安で気持ち悪い状態になります。**

日本だとわりと無言でいても平気な場面は多いですが、相手に悪く思われないためにも、先にニコニコと笑顔で挨拶することは、絶対にトクなことです。

アメリカでも、都会の場合はほとんどないですが、アーカンソー州のような田舎だと、道ですれ違うだけでも挨拶をします。

それに慣れた後に、今度はロサンゼルスに行ったとき、すれ違う人から挨拶をされないと、とても違和感をもつようになります。

とはいえ、こちらから挨拶をすると、返してくれますがね。

エレベーターに乗った場合、アーカンソーでもロスでも必ず挨拶をします。急に密室で二人きりになると、やはりお互い怖いですからね。

とはいえ、日本だったら、知らない人と二人きりで挨拶すると、怖がられるでしょう。

以上、人に嫌われることに対しては、別になんとも思わないのですが、**初対面の見た目や態度で損をするのは、できれば避けたい**と思っています。

人に好かれたほうがいいのか、嫌われてもいいのか、というのは、単純に分けられる話ではなく、常に有利に立てるように戦略的に考えるのが賢いと思います。

第2章

あなたが社会に殺されないために

——個人の「守り方」無双

1

「ブラック企業」から身を守る方法、まとめといた

ポイント

- □食えない弁護士に相談する
- □パワハラ発言を録音できるように
- □ムチャぶりを受けない体質に

ブラック企業については第1章でも述べましたが、ここでは、さらに積極的に自分の身を守る方法として取り上げたいと思います。

不当な金利を取る金融業を「サラ金」「闇金（やみきん）」と呼びますが、ひと昔前に比べると、サラ金の数はぐっと減りました。

なぜ、減ったのでしょうか。国民全員に騙されないための金融リテラシーが身についたからでしょうか。

そういった能力がついたからではなく、**サラ金を訴えてお金を取る「弁護士」の数が増えたからなんですよね**。サラ金を食い物にする弁護士が、「儲かる」という理由でサラ金業者をガンガン訴えはじめたのです。

元をたどれば、司法試験制度が変わって弁護士の数が多くなってきたので、食えない弁護士が増えたことが理由としてあります。

仕事を探している弁護士が、お金を稼げる仕事を探し、訴えれば確実に勝てる案件としてサラ金に目を付けたのです。

そして、この流れが、違法に残業代を支払わない「ブラック企業」のほうに向かないかなと僕は願っています。

■ブラックさを「ラッキー」に変える

ブラック企業というのは、残業代や休日手当を支払わなかったり、パワハラなどで名誉毀損（めいよきそん）をする発言をしたりするわけです。仕事を探している弁護士が、そういった企業を次々に訴えたらいいのです。

そもそも、サラ金を訴えてお金が取れるというのが弁護士の人たちに浸透したのは、テレビCMがきっかけでした。

法的には前々から訴えられたわけですが、それを「手堅い商売」と世間に知らしめたのは、CMがたくさん流れるようになって2～3年くらいが経ってからです。

サラ金の場合、やくざがバックにいるイメージがあるかもしれませんが、蓋を開けてみると意外にいなかったりして、弁護士が出てくると撤退してしまったんですよね。

だから、**「ブラック企業を訴えて、残業代を100万円、取り戻しました！」**というCMが増えれば、「自分の会社もブラックだからお金取れるじゃん、ラッキー」という人がたくさん現れて、世の中はいい方向に変わるのではないかと思います。ブラック企業専門で訴える弁護士が増えていき、ノウハウを溜め込んでいけばいいんですよね。

今、ユニオンという形で、集団になって和民（わたみ）などの大企業と争う例が多いのですが、そうするとお互い有能な弁護士どうしの戦いになるので、判決結果が完全な勝訴ではなかったり、和解になったりしてしまいます。

だから、手始めに弱小ブラック企業を訴える例がどんどん増えていけばいいと思います。弁護士が心を鬼にしてアコギな商売をしていってほしいんですよね。

■いつでも「録音」できるように

ブラック企業を訴えた後のお金の回収も、従業員であれば非常にラクです。主要な取引先も知っているでしょうから、そこから口座を押さえればいいのです。

不景気ですし、食えない弁護士が食い物になるブラック企業相手にもっとヤンチャになれば、手っ取り早く社会はよくなると思います。

そのためには、「残業代が支払われていないこと」や「パワハラ発言があること」を、労働者であるあなたが証拠として持っておかなければいけません。

豊田真由子元議員の秘書や「しゃぶしゃぶ温野菜」の事件でも、ＩＣレコーダーで「録音」していたことがカギとなりました。

企業側の不当な行動を録音、あるいは録画しておけば、メディアを使って拡散することもできます。テレビのようなマスメディアは、大きな事件性のあるものしか取り上げないかもしれませんが、今はＳＮＳの時代です。個人で発信して、たくさんの賛同者を集めることもできるでしょう。

だから、不当なことがあったときに泣き寝入りするのではなく、常に証拠を押さえるという姿勢を持つことです。

■ブラックは「根絶やし」にせよ

ブラック企業大賞というのがあります。運営メンバーは、弁護士や大学教授らで構成されており、毎年、有名なブラック企業の事例が取り上げられて勝手に表彰しています。

もちろん、世間的にブラックな現状を認知させる意味はあると思うのですが、根本的な解決にはならないのではないかと僕は思っています。

電通や和民、すき家で働く人は少なくなるかもしれませんが、**その労働力が他のブラック企業に移動するだけだ**と思うからです。

たとえば、ホームレス対策において大事なのは、「場所を移動させること」ではなく、「社会復帰させること」です。害虫駆除でも、その虫を殺すのと、隣の家に移動させることは意味がまったく違います。

どうも日本の政策では、後者の「移動させるだけ」という解決方法が多いです。

たとえばホームレスの場合、駅前にいなくなればOKということにして、河原や公園など、見えないところに移動させて終わりにしてしまうのです。

個人レベルで自分の所属している会社を訴える例は、探してみればたくさんあると思います。けれど、社会的にはまだまだ認知されていないので、読者のみなさんの力も借りて、もっと早く広まればいいなと思っています。

これは未来の話なのですが、企業のブラック体質は、「外注先」が標的になるかもしれません。

■個人がブラック化するかも？

自分の会社の従業員だと、残業代を支払わなければアウトなのですが、外注先となると関係がありません。

なぜなら、仕事の「成果」に対する報酬があるだけで、それにかけた「時間」は関係がないからです。「この仕事を5万円の報酬で、ただし3日後までに仕上げてください」と一方的に言われて、受けたほうは3日間、徹夜で作業することになるかもしれません。そうなってしまうと、訴えることが難しくなります。

現に、フランスでは、人件費が高くついてしまうので、雇用を増やさずに外注するケースが増えています。

今の日本は、人を雇って使い倒すほうが手っ取り早いのかもしれませんが、おそらく、フランスのように、外注にして無理をさせるようになっていくと思います。

すると、企業と企業の取引になるので、労働者として保護されることがなくなります。納期に間に合わなかったら罰金を払わせることだって、契約を交わせば合法的にできてしまいます。これが会社の従業員の場合、任せた仕事が〆切に間に合わなくても、罰金を取ることはできませんからね。

それを避けるためには、第1章で紹介した、**「手離れよく仕事をすること」を身につけるということと、あとは、得意先の言うなりにならない関係を築くことです。**「生活のためにイヤな得意先の仕事も引き受けなくてはいけない」という状態にしないことです。そのために元をたどると、生活レベルを上げないことや、仕事相手を選ぶ基準を設けておくようにしておきましょう。

2

若者よ、「ベーシックインカム」を前提に生きよ

ポイント

□貯金は心のゆとり

□月5万円の可処分所得生活を

□いつでも辞められる準備をする

僕の考え方は、「最悪を想定しておくこと」が大前提になります。

「はじめに」でも述べたとおり、**近い将来、日本では少数の稼げる人と生活を支えるだけで精一杯の人の2つに分かれます。**

だから、国民全員に最低保障の生活費を配る「ベーシックインカム」が必要なんじゃないかという話を、ネット上でずっと続けてきました。

ここでは、ベーシックインカムを前提にして生きることへと意識改革することを目指したいと思います。

■日本は今、どんな状況？

まずは、大枠の話からしていきましょう。

日本の世帯で、貯蓄額が「0円」の世帯は何％だと思いますか。実は、約30％だと言われています。

つまり、**日本人の3分の1の家庭が、体調を崩したり急な出費が必要になった途端に生活設計が崩れてしまうリスクがあるのです。**

これは単に、「最近の人たちは、貯金をせずに浪費をしてしまう傾向にある」というわけではなく、社会的な問題です。

今までは、サラリーマンとして就職していれば、年齢が上がるにしたがって自動的に給料が上がっていき、生活レベルを上げていくことができました。

日本全体が右肩上がりで成長し、**働いているだけで生活を安定させることが可能だったとも言えます**。

それが今、年齢が上がっても給料が増えない人が多くなってきました。

代表的なのは、アルバイトやパートタイマーなどの非正規雇用の人たちです。彼らは、勤続期間が増えても、ほとんど時給が上がらないということが常識です。

2018年の時点で、非正規雇用の労働者は2000万人を超えています。

そして、ここ10年以上、その数字は常に増え続けています。

■「人件費」という見方ができるか

収入が増えない人は、どういった生活をするのでしょうか。

なるべくお金をかけずに、100円ショップなどで安い製品を買い、安い輸入農作物を食べるようになります。

商品の質よりも、価格の安さで購入を決める人が増えていきます。

すると、企業も、給与の高い日本人を雇って質の高い商品を作るのではなく、質はやや低くても安い商品を海外から仕入れないと商売にならないようになります。

その結果、ますます非正規労働者は就職することができなくなり、給料が増えないので、結婚して子どもを育てることが難しくなります。

少子化・晩婚化が進めば、将来的に日本は、新たな技術開発者や経営者、学者の人数が減ることになっていきます。

そして、こうした少子化に対して、世界中の政治家や起業家がいろいろな解決策を試したけれど、抜本的な解決にはどこも至っていません。

つまり、**誰が政治家になっても、どんな賢い起業家が生まれても、この流れは止められない**ということです。

考えられる方法としては、第二次世界大戦前のように、ブロック経済圏を作って自由貿易を制限するか、世界中で海賊が跋扈（ばっこ）して、商品の輸送コストが上がった場合でしょうか。

輸入するより国内で作ったほうが安くなるのであれば、無理して輸入するわけありませんからね。

まあ、可能性はゼロではありませんが、現実的な方法はほとんどないというのが、今の状況なのです。

とはいえ、昨今、日本の雇用が増えているのではないかという指摘があります。

それは、中国の人件費が上がってきていて、中国人を雇うよりも日本人を雇ったほうが人件費を安く抑えられるケースが出てきたのと、小売や介護などで安い賃金で働く人が増えてきたことが考えられます。

要するに、**雇用が増えているといっても、明るい話題ではなく、人件費の安売り競争をしているだけなのです。**

仮に安く雇われた日本人の給与が上がってしまえば、中国以外の東南アジアに雇用が流れていってしまうでしょう。

それに、介護職なんかは、売上や利益が増える体質の業界ではないので、簡単に昇給を望むのは難しいのです。

■今すぐ2000万円をもらうか、死ぬ直前にもらうか

現在、50歳まで一度も結婚していない男性が23・6％いるといわれています。つまり、4人に1人の割合です。小学校のクラスの男子を40人ぐらい思い浮かべて、そのうち10人が一度も結婚しないで50歳になるのです。

50代で貯蓄がゼロという人は、29・5％です。3人のうち1人は50歳まで暮らしてきたけど、貯蓄をする余裕がなく、ひたすら毎日を生き延びてきた人たちです。

そんな彼らが老後を迎えたとしましょう。人は、ずっと健康に生きられるわけではありません。

日本人の死因として代表的なのはガンです。

ガンに罹ってしまったことを想定してみます。

そうすると、国は年間に2000万円以上かかる「オプジーボ」という薬を投与してくれます。

オプジーボを投与された患者は5年後、約16％の人が生存するそうです。

生存期間の中央値は約9・9ヶ月なので、オプジーボを投与されると、だいたい10ヶ月くらいは生き残れます。

ここで、よく考えてみてください。

老後にガンになったら投与される薬代の2000万円を、もし若いときの教育や結婚の費用に使えていたとしたら、かなり人生が変わると思いませんか。

貯金もなく1人で生きて老後に病床で10ヶ月の寿命を延ばしてもらうより、若いうちに生活を安定させて結婚して子どもを育てて孫に囲まれて10ヶ月早く死ぬほうが幸せだと思いませんか。

単に、**どちらの人生が正しいというわけではなく、自分の人生の選択は自分で決めるというのが**大事だと僕は思います。だから、老後の寿命を延ばすことを選んでも、間違いではありません。

　個人の選択の自由です。


　とはいえ、現在の日本は、医療保険や年金という形で、日本政府の予算の多くが、老後に使われるようになってしまっています。

　どうせ後から税金をたくさん使われるくらいなら、日本人全員に分配することによって、学校に通う費用にしたり、老後まで貯めさせたり、資格を取らせたり……と、自分の人生は自分で決めさせるほうがいいのではないかと僕は思います。

■「2人で月10万円」でどうにかしなさい

　説明が長くなりましたが、以上が、毎月の一定額が日本国籍保持者全員に配られる「ベーシックインカム」をすすめている理由です。

　日本人の有権者は、日本国のお金をどう使うか決める1億分の1の権利を持っているわけです。

「年金とか保険とか政治とか、よくわからないし」と思っている人は多いと思いますが、**日本の国家が使えるお金の1億分の1は、日本人として生まれた瞬間に、あなたが使う権利があるお金なのです。**

それを、老後に2000万円分の薬として渡されるのか、若いうちに現金として渡されるのか、自分で選べるようにしたほうがいいと思うのです。

ベーシックインカムは、財政上、試算した限りは実現できます。

月7万円を国民全員に配ろうとすると、93兆円が必要です。

高齢者も含めて国民全員を医療費3割負担にし、生活保護費をなくし、相続税を増やし、年金制度も徐々にシフトさせて捻出するのです（詳しくはP248の付録3）。

そうして社会保障をなくし、解雇規制をなくし、企業は優秀な社員だけ集めて、どんどんクビにできるようにする。ベーシックインカムがあるのだから、クビにされてもしばらくは生活できます。

企業は解雇しやすくなり、個人も会社を辞めやすくなります。すると、ブラック企業で薄給で働かされることからも逃れられます。

「月7万円だと暮らせない」という声が聞こえてきそうですが、たしかに東京で優雅な一人暮らしをするのは難しいでしょう。

けれど、地方都市であれば、家賃2万円くらいで賃貸を借りることができます。

そうすると可処分所得が5万円残りますから、なんとか暮らすことができるでしょうし、**パートナーを見つけて4万円くらいのところに住めば、可処分所得は10万円になります**。

「10万円で2人でやっていくにはどうすればいいか？」というところから逆算して生活を組み立てていき、もし欲しいものがあれば、そのときだけ一時的に働いてお金を貯めるのもいいでしょう。

たとえ仕事がイヤになっても、すぐに辞めることができますし、また働きたくなったら働けばいいのです。

とにかく、「生活のために嫌々働かなくちゃいけない」というマインドがなくなることは、これからの日本人にとって非常に必要なことなのです。

■「高齢者優遇」が若者を殺す

ここまで、ベーシックインカムについてメリットを説明したのですが、それでも実現することは難しいのです。

なぜなら、やはり高齢者が黙っちゃいないからです。

月7万円の財源を確保するには、先ほども述べたように、医療費にメスを入れなくてはいけませんし、年金制度も変えていかなくてはいけません。

今、景気が悪くなっても、高齢者は年金がもらえてしまっています。

一方で、若者は今の高齢者と同じ年齢になっても同じ額をもらえません。

そして、**若者よりも高齢者のほうが人数が多い、つまり票をたくさん持ってしまっているので、高齢者を優遇する政策を掲げる政治家に票が集まることになります。**

要するに、若者は詰んでいるわけで、その流れを止めることはできません。

ただ、ベーシックインカムにつながる制度として、生活保護という仕組みがあります。

うまく生活保護を取得して人生を切り抜けるというのが、今、僕が考える限りの最適解ではないかと思います。社会全体をうまく変える方法は難しいですからね。

けれど、生活保護というネーミングの聞こえが悪くて、どこか「落伍者（らくごしゃ）」という烙印を押される感じがするのではないでしょうか。「生活保護なんてもらった日には、親戚に迷惑をかけるし、世間体もよくない」ということを親に言われる人も多いでしょう。

「生活保護をもらうくらいなら、バイトでもなんでもしよう」という気になれるのなら、別に反対はしません。

しかし、そうでもしないと生きられない人を、無理に働かせる必要が果たしてあるのでしょうか。

高齢者が無条件にトクする今の日本において、圧倒的な弱者である若者は、モラル的にズルいことをしてでも生きていくしか方法がないのかもしれません。

■「生活保護」戦略

僕の友人に、元エンジニアで今は生活保護をもらって生活している人がいます。

元々、すごく優秀だったのですが、働くのが面倒になり、うつ病ということにして診断書をもらって生活保護を取得しています。

少し前まで、うつ病の診断をよく出してくれる病院がたくさんありました。

今は減ってしまったようですが、ネットで調べれば、診断書をくれやすい病院が出てきます。

精神科だと、結局、患者が「話していること」でしか判断ができません。

だから、**「これを言うと、うつ病に認定される」**というキーワードが存在するわけです。

そのワードを言うと、診断書を出さざるを得ないのです。

有名なものだと、「寝れません」というのが効果的で、「睡眠薬を飲んでも睡眠不足です」と言うとさらによいです。

また、百発百中なのが、「味がわからない」という味覚障害が発生している場合です。周りで話を聞く限り、これも診断書をもらえなかった例がありません。味がわからない人を「健康です」と言い切れる医者なんていないからです。

まあ、これを悪用するかは個人に任せますが、味覚障害は外的に判断ができません。高熱かどうかはウソがつけませんが、味覚は自己申告で数値化されないのです。

あるいは、エピソードをいくつかくっつけても効果的です。

「電車を見たら、ふと飛び込みたくなる自分がいた」というような、ありがちなエピソードで十分です。

「働いているのがつらい」と言う友人に僕がすすめているのは、会社を休職することです。**まともな大きい会社だと、休職しても半年くらいは給料がもらえます。**

うつ病の診断書さえあれば、給料の6~7割がもらえるでしょう。休んでみて、それでも働きたいのであれば、そのときは働けばいいのです。

とにかく、辞めたくなったときに、すぐに辞めてしまうともったいないです。

まずは休職してお金をもらえばいいのです。

■ニート時代を「黒歴史」にしない方法

日本には、失業保険をもらわない人が結構いるみたいです。会社を辞めたら、すぐに就職してしまうのですね。

たしかに、自己都合で退職した場合、３ヶ月はもらえない期間があります。

逆に考えれば、３ヶ月我慢すれば、半年や1年、もらえることができるわけです。

これってトクだと僕は思うんですけどね。

３ヶ月分の生活費だけは貯金しておいて、失業保険をもらって1年くらいダラダラ生活すればいいいんじゃないかと思います。

その間、働かないと転職がしにくいと思うかもしれませんが、そこでおすすめなのが、第1章でも紹介した「会社を作っておく」という手段です。

会社を作っておいて、個人事業をしていたことにすれば、経歴だって傷つきませんし、むしろ評価されるかもしれません。

失業したら、時間が死ぬほど余るわけです。散歩がてら法務局へ行って、書類を集めるようにしましょう。

起業と聞くと面倒そうなので行政書士に頼む人が多いのですが、法務局の人はとても親切なので、足りない書類や書き方は聞けば教えてくれます。言われた通りにやれば、誰でも起業できるわけです。

以上、ここで紹介したのは個人のズル賢い守り方ですが、そうでもしないと生き残れない時代に来ています。

日本の崩壊か、モラルの崩壊か、先に崩れるのはどちらなのでしょうか。

3

ひろゆき流「さっさと寝る」技術

ポイント

- □連想睡眠法をマスターする
- □迷ったらすぐ寝る
- □とにかくすぐ寝る

僕は、いつでも頭が回るようにしておきたいので、睡眠を削ることはしません。

みんなが集まって、「徹夜して頑張りましょう！」というようなときも、少しは頑張ってみますが、やはりすぐに寝てしまいます。

それなので、**能力値が下がらないように、たくさん寝ることをおすすめしています。**

徹夜明けって、謎の達成感はありますが、トクすることは何もありません。

免疫力も下がるので、病気にかかりやすくなりますしね。

■誰でも簡単に寝てしまう方法

なかなか寝付けない人というのも多いと思いますが、「誰でも簡単に寝てしまう方法」というのがあります。

「羊の数を数える」というのが有名ですが、これで寝られる人はいないと思います。

たぶん、sheepとsleepが似ているという理由で英語圏から来たと思うんですよね。

だから、日本人がそれをやってもまったく意味がないわけです。

僕が紹介したいのは、「連想睡眠法」という方法で、アメリカの論文で発表されたものです。

僕も初めは、「まさか」と思ったのですが、今のところ、１００％寝てしまっているので、おすすめの方法です。

それではやってみましょう。

まず、なんでもいいから英単語を思い浮かべます。

先ほどの羊のsheepにしましょうか。

そうすると、最初のスペルは「Ｓ」ですよね。

「Ｓ」で始まる単語を思い浮かべましょう。たとえば、snow（雪）だとします。そして、雪の「絵」も思い浮かべます。

次に、snow以外の「Ｓ」で始まる単語を思い浮かべます。

ここで注意したいのが、**先ほどの「雪」とは無関係なものを思い浮かべる**、ということです。つまり、snowball（雪玉）などはダメです。

まったく関係のないもので、「Ｓ」で始まる単語と、その絵を思い浮かべるようにするのです。

というのを、何も思いつかなくなるまで続けます。
「S」が終わったら、次はsheepの「H」で、先ほどと同じことを続けます。
「H」の次は「E」を、「E」の次は「P」を……、という要領で続けます。

というのが、「連想睡眠法」なのですが、僕の場合、2つ目のアルファベットまで続いたことがありません。初めの1文字のところで寝てしまっているんですよね。

■脳をダマせば眠れる

アメリカの論文なので、ここでは英単語の例で説明しましたが、たぶん日本語でもできます。

ポイントは、**「無関係の言葉を考える」**というところです。

人間って、何か物事を考えるときに、関連することを考えるようにできています。

会社のことを考えるとすると、プロジェクトのことやそれに関わる人のこと、上司や部下のことなど、すべてがつながって思考するわけです。

関連させて物事を考えている限り、人間は、「頭を明晰にしておかなければいけない」というスイッチが働くのですが、先ほどの「連想睡眠法」の場合だと、全然関係がないことを強制的に考えさせられてしまうので、「頭を休めなければいけない」というほうにスイッチが入るのです。

つまり、「**もういいや、寝ちゃえ**」と、脳が判断するんですね。

こんな単純な方法でも、2017年の論文で明らかになったわけですから、脳の仕組みって面白いなと思いました。まあ、「無関係なことを考えたほうがいい」ということを無意識にやっていた人はいたでしょうけどね。

■寝ることはメリットづくし

僕は一度、ショートスリーパーになろうとしたことがありました。けれど、どうもダメでした。

身近にショートスリーパーの人がいるのですが、単純に寝る時間が少ないと人生が長くなるので、それを羨（うらや）ましく思ったのと、後天的になることができると聞いたことがあるからです。しかも、調べた結果によると、寿命も無関係なようで、ショートスリーパーの人もちゃんと長生きするようなのです。

眠りの深さが重要で、寝る前の数時間前は食事を取らなかったり、いろいろとやることがあるのですが、僕はショートスリーパーにはなることができませんでした。

それよりも、寝ることのメリットを考えたほうがトクな気がするのです。

先ほど、頭の回転が速くなると言いましたが、プログラムを書いたり、パズルを解いたりしていて、夜中に煮詰まったときに、**あきらめて寝て翌朝に考えたらいとも簡単にうまくいった**、ということがあります。

おそらく、集中しすぎると視野が狭くなるのが、1回寝ることでリセットされて全体が見えるようになるんですよね。

だから、先ほどの連想睡眠法を使って、いつでもすぐに寝られるようにしましょう。

4

パフォーマンスを保つロジカル「健康」ルール

ポイント

- □血糖値をコントロールする
- □持病を排除する
- □依存は無くすか力に変える

よく寝ることと同じくらい、健康に気を遣うことは大事です。

とはいえ、「歯を磨きましょう」みたいなレベルの話は、他の本に譲ることにして、僕なりに実践して役に立っているルールを紹介しようと思います。

前著『無敵の思考』でも書いたのですが、外国に行ったときに見たことのない食べ物があれば、僕は食べるようにしています。

何の栄養素が足りていないか簡単にはわからないので、手当たり次第、とりあえず食べておいたほうが条件をクリアできる可能性は上がりますからね。

だから、直感に従って食べる生活を大事にしています。

すると、ある栄養が足りないときに、それを欲する体になります。

たとえば、がっつりと肉をたくさん食べた後、あっさりした野菜料理を食べたくなることがあります。

その現象も、気分的というより、栄養的に正しいことなのではないかと思うわけです。

■「世界最高齢の女性」の食事

また、脳のパフォーマンスを第一に食事をしているので、**果物やチョコで糖分をとることにしています。**脳は糖分を使いますからね。

世界最高齢の122歳まで長生きした女性は、毎晩、ワインを飲んでチョコレートを食べていたそうです。チョコは糖分以外にポリフェノールも摂取できるのでトクです。**細胞はテロメアというたんぱく質がなくなると、分裂ができなくなって死滅してしまいますが、それを修復するのにポリフェノールが効果的だと言われています。**

それなので、老化を止めたり、能力低下を食い止めるのに、チョコは効果的だと思い、食べるようにしています。ワインも飲めばいいのですが、ワインってお酒の中でも凝り出したらキリがなくて、高いものも多くて大変そうなんですよね。

だから、お酒は基本的にビールだけ飲むようにしています。ビールもいろいろ種類はありますが、そうそう高いビールはありません。うんちくも少ないですし、いいビール飲んだことを自慢する人も少なくて、平等な感じが好きなんですよね。

■「絶食」のすすめ

血糖値が下がると、人はお腹が減り、炭水化物を取りたくなります。

とはいえ、**太っていることでトクすることはないと思うので、果物やチョコで血糖値を維持するようにしているのです。**そもそも果物もチョコも料理しなくていいので、時間的にもトクです。現代の成人病の多くは、食べ過ぎが原因であることが多いですから、痩せているほうが絶対によいのです。

バナナやメロン、トマトなど、切ったらそのまま食べられる果物と野菜は本当におすすめですね。

また、普段は奥さんと二人なので一緒のペースで食事をするわけですが、東京に来ていて一人のときなどは、一日一食です。あるいは、食べない日もあります。ゲームをしているときなど、好きなことに没頭していて食事をするヒマがありません。

ですが、たとえばヨガなんかでも、たまに絶食する日をつくることをすすめていたりします。内臓を休めることは健康にいいという話もあります。

我慢してまで絶食しなくてもいいかもしれませんが、**ズボラすぎて食事が面倒なのであれば、無理して食べないほうがトクするでしょうね。**

もし、命の危険があれば、放っておいても人は食べるわけですから、気づいたら食べていないことは、健康的になんてことがないはずです。

■「腰痛と肩こり」対策

食事のほかの健康法として、腰痛と肩こり対策をしていたほうがいいでしょう。どちらも仕事のパフォーマンスを著しく下げますからね。

腰痛は、腰が冷えることが大きな原因です。単純に温かくするとよいのですが、上着とズボンの間が空いていると腰が冷えます。

だから、少し大きめのサイズの服を着ていると、その部分をカバーできます。

結果論なんですが、僕は必ず大きめの服を買っていたので、腰痛に困ったことがありません。まあ、基本姿勢は寝ている姿なので、イスに座ることは少ないんですがね。

肩こりに対しては、筋トレも効果的です。よく、肩こりという英語は存在しなくて、日本人だけの症状だと言われます。

アメリカ人に比べると日本人のほうが筋肉は少ないほうなので、それも要因としてあるかと思います。女性は筋肉がつくのはイヤかもしれませんが、素人に肩もみをしてもらって変なクセがついてしまうよりは、単純に筋トレに勤しんだほうがいいでしょう。

■「鼻炎と頭痛」対策

また、鼻づまりも仕事のパフォーマンスを下げます。僕もそうなのですが、アレルギー性鼻炎や花粉症で悩む人は多いでしょう。

けれど、一時的にそれを治す方法というのを数年前に知りました。

どうするかというと、鼻がなぜ詰まるのかを知るとわかるようになります。血管が充血することで鼻腔が狭められている状態のことを、鼻が詰まると呼びます。

つまり、**充血しているのが悪いことなので、それを解決してやればいいのです。**

まず、息を止めます。鼻をつまんで、口も閉じます。

そして、首を前後左右に動かします。

1分以上、その状態で我慢しましょう。

そうすると、めちゃくちゃ苦しくなってくるのですが、体に酸素が行き渡らないと、鼻の毛細血管を充血させているどころじゃなくなってきて、それで鼻炎が治まります。

「鼻を詰まらせている場合じゃない」と、脳をダマしてしまえばいいのです。

ちなみに首を動かすのは、鼻に詰まっている血液を流すためです。


鼻づまりもそうですが、脳をダマして恐怖感を与えると、症状が止まるということがあります。花粉症でくしゃみが止まらなくても、たとえば歯医者に行って口を開けていれば、くしゃみは止まりますよね。あれも、「今、くしゃみをしてしまえば、口中が削れてとんでもないことになる」という恐怖感が生じるからでしょう。

他にも、歯が痛い場合、別のところを叩くと痛みがマシになりますが、それも論理的には同じことでしょう。

また、僕は、痛み止めのアスピリンを家に常備しています。**「痛み止めは早く飲め」**というルールにしているのですが、それは、痛みを我慢することは何のトクもないからです。

痛みを生じさせる病気があるのであれば、それを対処すればいいのです。二日酔いや怪我の痛み、頭痛など、痛いとストレスが溜まるだけなので、一刻も早く薬を飲むようにしましょう。

■「依存」は無くせ

先ほど紹介した122歳まで長生きしたおばあちゃんは、110歳までタバコを吸っていたそうです。110歳でタバコをやめた理由も、火をつけるお手伝いさんが非喫煙者でかわいそうだと思ったからだそうです。

だから、肺ガンのリスクは上がるかもしれませんが、単純に寿命を縮めるものではないと言えそうです。

ストレス解消とコミュニケーション手段としてのメリットもあります。

僕は、喫煙コミュニティがわりと好きで、お互い肩身が狭いことを感じて仲良くなる瞬間は嫌いじゃありません。気分転換のツールとしては、すごく便利だと思います。タバコやお酒などで頭をクラクラさせることで、何かアイデアが閃く（ひらめく）という話もあります。作家やデザイナー、アーティストなんかに喫煙者が多いのは、そういう理由もあるのでしょう。

とはいえ、お金もかかるし、百害あって一利なしと言われるものではあるでしょう。

依存しているかどうかがポイントだと思っていて、僕は普段、タバコを持ち歩いているのですが、吸わない日がほとんどです。お酒を飲むときくらいは吸いたくなるので吸いますが、それ以外は吸いません。

もし、依存してしまっていたら、タバコを持っていないだけで不安になりますし、吸えない環境にいたらストレスを感じてしまうので、そういう人は禁煙外来に通ったほうがいいでしょう。

けれど、依存せずにある程度の距離を保てている人であれば、無理に禁煙するよりは、たまにストレス解消に吸うくらいにしておいたほうがいいと僕は思います。

タバコに限らず、世の中にはさまざまな「依存」があります。

隙あらばスマートフォンをチェックする「スマホ依存」というのもあります。もし営業職の人で、常に連絡をチェックしておいたほうが成績が上がるのであれば、依存したほうが結果としてうまくいくでしょう。芸能マネージャーの人なんかも、常時チェックしていたほうがトクです。

そのように、**依存する欠点を仕事に転換してしまえば、実は人生うまくいくんじゃないかと思います**。食べ物に依存した結果、太り過ぎになったとしても、それを仕事にしてしまえば、一気に逆転できます。やはり、デブが紹介するお店って、おいしい気がしますからね。

■激しい運動より「歩け」

80ページで、ハードな運動について少し触れたのですが、それに関して、「象の時間とネズミの時間」という有名な話があります。心臓の拍動する回数は、象もネズミもほぼ一緒で、それによって寿命が決まっているという説です。

ネズミは拍動が速いので寿命が短くて、象は拍動が遅いから長生きをします。けれど、**心臓が動く回数自体は一緒である**というのです。

激しい運動を避けたほうがいいと思うのは、鼓動の回数を速めてしまうからです。現に、スポーツマンは意外と寿命が短いことが多いです。ある程度は血液の循環をよくしたほうが、頭の回転はよくなるのですが、ハードな運動で心臓の鼓動の回数を減らしてしまうのはよくないと思うのです。

だから、走るくらいなら、歩いたほうがいいでしょう。まあ、医学的根拠があるわけではないですが、マラソンしたからといって寿命が伸びることはありませんし。

それに、歩きながら考える作業をしていると、わりと捗(はかど)って考えがまとまることが、みなさんもあるかと思います。

考えることに100%集中するよりも、歩いたり、ドライブしたり、風呂に入っているほうが、意外と新たな思いつきがあったりします。

以上、健康と仕事は切っても切れないものなので、最適な生活を送るようにしときましょう。

第3章

会社がずっと生き残るわけないじゃん

——経営者視点の「企業の論理」無双

1

結局、「仲いい会社」が生き残る件

ポイント

- □「人当たり」で人を採る
- □すぐに雇わない、いつまでも働かない
- □小さいクライアントを大切にする

ここまでの話でも散々述べましたが、日本の企業は、簡単に人をクビにすることができません。経営をしたことがある人の必ずブチ当たる壁が、「**使えない人をどうするか**」という問題です。

僕もいろいろ考えたことがあるのですが、答えは「ない」のです。

そのためにベーシックインカムを実現させて、「いつでも解雇できる企業」と「いつでも辞められる個人」という流動的な雇用状況を作ることを望んでいるのですが、それもまだ先の話です。

だから、**初めから変な人は雇わないようにしたほうがいいし、そのために慎重に面接しとかなくちゃね**、という考え方が落とし所になります。

■全員が「NO」と言わない人材

世界的大企業の「グーグル」は、きっと優秀な人を採用していると、みなさん思っていることでしょう。たしかに、ある程度の基準を超えた人しか面接まで辿りつくことはできないのですが、そこからの採用方法が面白いので紹介しましょう。

面接というと、管理職などの偉い人たちだけで、いわば勝手に採用を決めてしまうことが多いと思います。

グーグルでは、採用したい人が入社後に一緒に働くであろう部署の人たちを面接に呼びます。

その人たちに、「この人と働きたいですか？」と、後で聞くためです。

そこでもし、**一人でも「イヤだ」と言う人がいれば、絶対に採用をしないのです。**

厳密には、部署によって異なるかもしれませんが、基本的には、「人当たりがいいこと」を重視しているんですよね。

全員が「NO」を言わなかったということは、つまり、全員の責任でもあるということです。だから、「あの上司が連れてきた」「別にこいつと仲良くする必要なんてない」などと言い出す人が生まれません。

責任を一人に集中させずに、全員に分散させるという仕組みは、アイデアを生むときには足を引っ張ってしまいがちなのですが、人材確保のときにはうまく機能するというのが面白いですよね。

■人間関係のトラブルは「最初」になくせ

誰か一人が猛プッシュして入社してくる人がいると、組織として運営するのが難しくなります。派閥が生まれる原因にもなりますし、推薦してくれた上司がいなくなったら、一気にその人が働きにくくなったりするからです。

一方で、グーグルのように、全員が「×」をつけない人を採用するというのは、仮に飛び抜けた技術を持っていないにしても、**長期間、働いてくれる可能性が高くなります**。つまり、人格的に難がある人や性格が破綻(はたん)している人を未然にふるいにかけることで省くことができ、後々の人間トラブルを回避できるのです。

仕事柄、僕にはプログラマーの知り合いがたくさんいるのですが、優秀な技術を持っているけど、「人としてダメなやつ」というのが結構います。そんな人たちは、外注先として仕事をする分には問題がないのですが、「自分の会社に雇いますか？」と聞かれたら、話は別になります。

長期的に関係を築けない人は、最初から会社に入れない。これは会社を経営するものとしての鉄則でしょう。

僕の経験上、社員が仲いい会社は、業績もいいことが多いです。まあ、業績がいいから仲良くできるという見方もできますから、卵が先か鶏が先かという話ではありますがね。

それとは逆に、業績がいいけど社内がギスギスした会社というのもあります。社内での競争が多いと、そうなりがちです。

それはそれで健全なように思えますが、いざ業績が悪くなったときに、途端に崩れていってしまいます。

だから、業績の浮き沈みがあったとしても、「踏ん張らなくてはいけない」という人が現れて会社の永続率が高くなるのは、やはり社員同士が仲いい会社なのです。

■「スキルがある人」より「いい人」を

そもそも会社って、何かが当たることで飛躍的に大きくなるわけですから、いつか絶対に壁にぶつかってキツい時期を迎えるわけです。業績の波は、大なり小なり、必ず起こります。

そこで、社員が踏ん張って生き残れるかどうかが大事になってきます。

「今、給料はいいけど、この先どうなるかわかんないからな」と思っている人がたくさんいる会社は、業績が落ち込んだときにサーッと人が辞めていきます。

スキルがある人は、見方を変えれば、「どこでもやっていける人」です。つまり、転職が容易で抜けやすい人材でもあるわけです。

でも、そこに「いい人」という点が加われば、自分が辞めた後のことを考えてくれて、「じゃあ、もうちょっと頑張ってみよう」と思いとどまってくれる可能性が高くなります。だからこそ、「目先の能力だけを見ない」というのが、雇う側も雇われる側も生き残るポイントです。

仕事が終わった後に会社内で遊んでいる会社って、実はいい会社である可能性が高いです。「飲みに行く」というのはよくある話ですが、**お酒がなくても付き合える人間関係が築けている**というのが重要です。

仕事が終わったらみんなで野球を見に行ったり、「モンスターハンター」が流行っていたら終業後にみんなでゲームをやったり、卓球などのスポーツをしたり……。そういう会社のほうが、長期的にうまくいく率が高まります。

その一方で、終業後は割り切るタイプの人は、すぐに転職をしてしまう可能性が高いので、能力として一時的にうまく生かせるかどうかが大事になってきます。

一度も危機を迎えたことがない会社なんて、世の中に0・01%も存在しません。

うまくいっているときの会社は、その後、絶対に業績が下がることを覚悟して人材確保を考えればいいでしょうし、個人は人間関係の見直しや辞めた後のことを準備しておきましょう。

■「ランニングコスト」を下げられるか

営業成績がいいときは、人が勝手に集まってくるものです。

ここ数年、スマホ向けゲームが大当たりした会社がたくさん生まれたと思います。きっと何社か思いつくでしょう。

いずれの会社も、うまくいくことに比例して、運営コストも上がっていきました。運営コストは右肩上がりでも、売上がずっと上がり続けるとは限りません。**コストが上がったまま売上が苦しくなるというのは、創業当時くらい苦しくなるのです。**それを想定しておく責任があると思うわけです。

とはいえ、売上が伸びてランニングコストを上げない会社というのも見たことがありません。

いいオフィスに引越して、内装を凝ったりし始めます。会社の規模が大きければ、テレビCMを打ったりスポンサーになることもあるでしょう。

というように、何かしておかなければ落ち着かなくなるんですよね。

たしかに、売上が上がってその分を税金で持っていかれるのは癪(しゃく)ですから、余ったお金を使っちゃうのも無理はありません。

それに、**勢いがある会社は、人材を雇えば雇うほど、しばらくは売上が伸びます。**大ヒット商品がある場合、営業の人数を2倍にすれば、単純に売上が2倍になりますからね。

人づてに優秀な人が「入りたい！」と言ってくることも増えますし、人を雇わないことが機会損失になるわけですから、その流れに抗(あらが)えることは相当な覚悟が要ることであって、非常に難しいことです。

でも、最初でも述べたように、一度雇った人は、日本の法律上、なかなか辞めさせることはできません。ヒット商品の波が終わっても、2倍に増やした営業部員はそのまま残ってしまいます。

企業ができることとすれば、**「波がいつ下がるのかを仮説的に見極めておく」**ということと、その波がわりと短期的に収まりそうであれば、**「なるべくアウトソーシングにすること」**の2点でしょう。

うまく頼めば外でやってくれそうな仕事は、なるべく外注で投げるようにするのです。逆に、外注先として仕事を受ける個人が、どう振る舞えばいいのかは、113ページで述べたとおりです。

とはいえ、「うまくいっているときこそ悲観的になれ」というのは、言うのは簡単ですが、なかなか実行できる人はいません。

僕のように、いつでも最悪をシミュレーションしておくという思考をクセづけて、そこから「今は幸せだ」ということを再確認するという作業を、常日頃からやっておくようにしましょう。

■「大きすぎる案件」を疑え

もうひとつ、企業が起こしやすいミスとして気をつけなくてはいけないことがあります。

それが、報酬をたくさんくれる「大きいクライアントの存在」です。

たとえば、毎日必ず100円をくれる人と、たまに1万円をくれる人がいた場合、1万円をくれる人のほうを大事に扱ってしまいがちになります。

1万円を連続でくれたりなどしたら、100円をくれる人のことなんて疎かになって、しまいには付き合いが面倒になって関係を切ってしまうこともあるでしょう。

けれど、**事業をやる場合、「毎日必ず100円をくれる人」のほうを大事に扱わなくてはいけません。**

僕の知り合いの経営者なんかは、大金をくれるクライアントとは、あえて仕事をしないと決めているそうです。

なぜなら、そちらに時間を取られ、いざそのクライアントとの付き合いが終わってしまえば、一気に会社が傾いてしまうからです。

つまり、依存することがわかっているし、長期的にどんどん下請けのようになってしまうことが見えているから、「じゃあ、初めから付き合わない」という選択を取っているんですよね。たしかに、**大口のクライアントは、すぐに偉そうになります。**

「小さい会社のほうを大事にしろ」と言われても、普通の人間にはなかなか難しい判断だと思いますが、長い目で見れば、非常に賢い戦略です。

■やはり「地方」がコスパ最強？

先ほどの経営者は、地方で会社をやっている人なのですが、東京にいる人ではなかなか同じような考えの人は見たことがありません。

地方のほうが、小さい会社との付き合いのほうを重視する傾向があると感じます。

僕の予想では、地方の人ってお金を持っていても買うものが限られていることが理由としてあると思います。大きな家を建てて、いい車を買ったら、それ以上に高い買い物なんてそうそうありません。

東京にいると、歓楽街で豪遊して一夜で数十万円を使い果たすこともできますし、「会社を買いませんか？」「上場しませんか？」「株を買いませんか？」という勧誘が来ることも多いです。それに乗っちゃうと、数千万円が平気で吹っ飛びます。

あと、考えられるとしたら、投資用のマンションを買うくらいですが、地方のマンションなんて500万円ほどで買えます。

第2章のベーシックインカムの話でも、地方で2人で10万円の暮らしをすすめたわけですが、たぶんこれからは大きな野望は持たずに、地方でダラダラ好きなことやって暮らすほうがいいのでしょう。

何度も述べてるように、**ネットでワンチャン当てる時代です**からね。場所なんてどこだっていいわけですから、生活維持費の少ない場所を選んで働くという選択肢を持っておきましょう。

2

そもそも事業は「なくなるもの」である

ポイント

- □産業を残すことに意味はない
- □同じことをし続けない
- □付加価値を考え続ける

前項でも述べましたが、日本は一度雇った人をクビにすることが難しい国です。労働基準法上、決められたことなのですが、僕はこのルールは変えたほうがいいと思っています。

僕より年上、つまり40代以上の人たちには、いまだに、「転職が悪いことだ」という意識があったりします。

その子どもである20代以下の人たちにも、その考えを押し付けるでしょうから、時代は変わったのに親は変わらないので、窮屈な思いをして気の毒ですよね。

■「同じ釜のメシ」幻想

おそらく武士の時代の「一所懸命」から通じる概念だと思いますが、**武士道では一度主人を決めたら、その主人に一生尽くすということが是とされる**わけです。

同じ職場にいる人は、同じ釜のメシを食う「同志」ですから、戦争に行ったときの戦友と同じように会社の人間関係を捉えている気がします。まあ、先ほどは、「仕事が終わった後も遊べ」と書いたわけですから、それと矛盾しているようなのですが、こちらは日本全体の体質の話として書きます。

「どんな苦境があってもお互いを支え合わなければいけない」というのは、どうも無理がある気がします。業績が傾いたときに踏ん張れるかどうか、という話を前項でしたのですが、とはいえ、全員一緒に最後まで沈没してしまって死んでいくのは間違っています。踏ん張りつつも、どこかで見切りをつけることも重要です。

それを全員がわかった上で、**「今いる環境では仲良くしておく」**というのがベストな働き方だと思うわけです。

■「繰り返し」は悪？

会社というのは、うまくいくときはうまくいくし、ダメになったら「はい、解散」というノリでちょうどいいと思います。日本全体がそういう意識で働いていれば、伸びる産業がどんどん伸びて、衰退する産業はすぐに撤退するというサイクルになるはずです。

「パッと辞められて、パッと移れる」というマインドでいれば、個人にとっても精神的にラクだと思います。

たとえば、昔は花形だった「造船業」は、日本では衰退してしまいました。事業は、新しく生まれるのも当たり前ですし、なくなるのも当たり前です。スキルがコモディティ化する話を前述しましたが、産業だってそうです。インターネットなどの技術の発達で、ある分野が成長するスピードは上がり、一代で大企業を築き上げることができるようになりました。**成長があれば、やがて必ず衰退もします。**

企業が数年のうちに急成長と衰退を繰り返すわけですから、個人にとって、40年以上同じ会社に勤めることは物理的にできなくなります。

どうも日本は、同じことをずっと続けていることが美徳とされがちです。

でも、見方を変えると、**「同じことをやり続けているほうが、何も考えなくていいじゃん」という怠惰（たいだ）にも見える**わけです。

国をあげてそれを行っている代表例が、農業政策でしょう。

簡単に言うと、これまでのやり方で食っていけない農家の人たちが増えてきて、安い輸入品に関税をかけることで日本の農業を守ろうという狙いのことです。

今、特に牛肉の関税が高くなっています。

そうすることで日本の畜産業を守るつもりなのでしょうが、果たしてそれになんの意味があるのでしょうか。

但馬(たじま)牛や松阪牛のように、**ブランド化に成功した牛肉であれば、どれだけ安い外国牛が日本に入ってこようと、これから先も残り続けるでしょう**。ただ、そういった努力をしていないのであれば、潔くなくなってしまったほうが、日本人はより安い肉が手に入ってトクだと思うんですよね。

江戸時代には、日本人の8割が農民で、残りの2割が武士か商業をしている人という構図でした。

時代が進化するにつれて、農業をやる人は減ってきたわけですが、それは避けられないことだと思うのです。

お米の農家も減ってきていますが、トラクターなどの機械が発達してきて、一人の人が田植えして収獲する能力はどんどん高まってきたわけです。単純に、そこまでの人数は必要なくなってきているだけなのです。

転職することを良く思わない人も、これと同じ思考です。**「同じ働き方を続けていたい」というのを、「守らなくてはいけない」と都合のいいように思い込んでいるだけです。**

しかも、農家の場合は、中途半端に人数が多いので、「農業を守ります！」と言い切ってくれる選挙候補者に票が集まります。その結果、農家を続けたい人と守りたい政治家が強く結託してしまうのです。

民主主義である限り、これは仕方ないことではあります。まあ、農家よりはるかに人数の少ない斜陽産業は、簡単に廃(すた)れていくわけですしね。

もし、江戸時代に民主主義が成立していれば、8割の農家の人がそのまま農業をし続けて、日本の成長はもっと緩やかだったかもしれませんよね。

■生産性か、付加価値か

アメリカの農家は、日本とは比べものにならないくらい規模が大きいです。土地が死ぬほど余っているんですよね。そのため、生産性が非常に高いです。

たとえば、テキサス州のように人が少ない広大な土地では、東京都の23区と同じくらいの面積を農地にして、飛行機で一気に種や農薬をばら撒(ま)きます。育てる管理も、水を撒く長い棒が時間をかけながら回転するだけですし、収穫のときも巨大なトラクターで一気に刈り取ります。

そうすると、**明らかに日本の農作物より安いコストでできてしまい、価格競争で絶対に勝てるわけがありません。**

だからこそ、先ほどの牛肉と同じで、付加価値で戦うのはアリですし、そういう努力をしない人たちは辞めていただくしかないと思うのです。

■「弱い個人」も戦える

日本のお米の場合は、状況がさらに複雑です。

個人の農家がいくら頑張っても、農協にお米を卸してしまうと、他の米とごっちゃにされてしまいます。個人の技術進化をさせない仕組みになっています。

すると、丁寧に作ったおいしいお米と、手を抜いて育てたお米が、すべて均等にされて同じ価格で売られてしまうわけで、**努力した人がバカを見るようになってしまいます。**

じゃあ、農協を通さずに個人でやっていけばいいのですが、そう簡単でもないようです。個人でおいしい農作物を作って販売している人が、嫌がらせを受ける事件をよく聞きます。

2017年には、北海道のメロン農家の農園に、何者かが除草剤を撒くという事件も起こりました。

犯人は農協の関係者かどうかわかりませんが、除草剤を持っているという時点で、農業に関係している人であることは間違いなさそうです。その後、その農園は赤字に転じてしまったそうですが、**ネットを通じてたくさんの支援が集まり、銀行からの融資も受けられて、なんとか再起に向けて頑張っているそうです。**

もちろん、農協のような大きな組織に守られて、最小限の努力だけでダラダラ生きる人がいてもいいでしょう。自分の代をまっとうすればいいですからね。

しかし、できる人の足を引っ張ることは、誰もトクをしないので、絶対にやめるべきだと思います。次の項目ではそれについて詳しく見ていきたいと思います。

3

「優秀なやつ」と「新しい産業」の足を引っ張るな

ポイント

- □ワーカホリックな人を生かす
- □「禁止」にしたままにしない
- □「よくわからんもの」を認める

僕はよく、「日本は詰んでいる」ということをいろいろな場所で言っています。

5年ほど前までは、まだまだ日本はよくなると言っている人も結構いました。

東芝の問題もありませんでしたし、ソーシャルゲームバブルがあったりしましたからね。

単に自覚する要素が少なかったのですが、中国人観光客が来はじめて、個人所得ではシンガポールに抜かれたというニュースが流れるようになり、薄々、「あれ、これヤバいんじゃね?」という人が増えてきたのです。

もちろん、日本が良くなったほうがいいでしょうし、そうなるシミュレーションもしたのですが、どう考えてもダメだなという結論に至りました。

■「働き方改革」の弱点

専門家や学者、政治家の方と対談やイベントで一緒になったときに、「将来、日本は良くなりますか?」と、必ず僕は質問しているのですが、まともな道筋を示してくれる人にまだ会ったことがありません。

ちゃんと物事を考えられる人は共通して、「オリンピック以降の日本は、何も可能性がないよね」ということを思っています。まあ、ある程度の人口はいますし、国そのものは残り続けると思いますが、成長していくのは厳しいでしょう。

数年前まで、電通が残業を禁止にするなんて、誰が信じたでしょうか。

会社とのミスマッチで過労死してしまうことは、非常に残念なことではありますが、その一方で「ワーカホリックな人」というのは一定数います。いわゆる、働き続けないと落ち着かないという人たちです。

そういった人たちは、頑張って何か価値を生み出し続けてくれると思うので、**彼らの居場所は守っておいたほうがいい**と思うんですよね。電通のブラックな面が表立ってしまいましたが、オリンピックの受注を取ったという点も同時に見なくてはいけないと思います。

それを一概に、「定時で帰ってワークライフバランスを大切にしましょう」と押し付けてしまっているのが、今の働き方改革の問題だと思います。

放っておいても働き続ける人は、そのままにしておいて、ただ、残業代は支払うようにさえすればいいという気がします。

そうやって、「何か一発逆転があるかもしれない」と思ってワンチャンを狙って働き続ける人を生かしたほうがいいんですよ。その一方で、趣味に生きたい人は、さっさと定時に帰ってしまえばいい話です。

アメリカ的な考え方であれば、「能力値の高い超優秀な人が、普通の人の10倍、100倍頑張ってくれるから大丈夫だろう」となるわけですが、どうも日本はそうなりません。

それをみんな一律に、「もっと休みましょう」と言ってしまうのは、単に頑張りたい人の可能性をしぼませてしまっているだけです。その結果、国全体が生産できる価値が縮小してしまい、回りまわって全員が損をしてしまうのです。

■全体が「損」をする論理

前項のメロン農家事件からわかるように、優秀な人の足を引っ張るのが、日本人は大好きです。

その象徴的な出来事が、「こんにゃくゼリー事件」です。99%以上の人が、こんにゃくゼリーをおいしいと思って食べています。しかし、不幸なことに数人が喉に詰まらせてしまったのですが、それは個別の問題として対処するべきだと思うのです。

それならば、こんにゃくゼリーよりも餅のほうが被害者が多いわけですから、先にそちらを規制しろ、という話です。

他にも、ユッケやレバ刺しなんかもダメにしてしまいましたよね。僕はわりと生肉が好きなので、残念に思ったものです。生肉の場合、衛生管理をおこたって問題を起こした人には、個別に重い罰を与えるようにすればいいのです。

それを、**一部の個別犯を制限するために、すべてを禁止してしまうというのは、全体の幸福度を下げてしまう**ことになってしまっています。

■「行き過ぎた規制」が産業を潰す

このように、全体を制限してしまう手法が、日本という国は大好きです。

しかし、国がこういう制限をやってしまうと、制限しない国が相対的に有利になってしまいます。

たとえば、2012年くらいまで、検索エンジンは日本では違法扱いでした。厳密に言うと、検索エンジン自体はOKなのですが、検索結果でキャッシュ（サイトの画面キャプチャ）を表示する機能が違法でした。つまり、検索したホームページの内容の一部が表示されるのが、勝手に許可なく掲載しているということになってアウトでした。

そのせいで、日本の企業で検索エンジンを事業としてやることができなくなったのです。

ヤフーも、アメリカのYSCを買収して、そのエンジンを使っていましたが、産業としては消滅してしまいました。

その後、検索エンジンは法的にOKになったのですが、**グーグルにはとても追い付くことができないくらいに差がついてしまったのです。**

そうやって新しい産業が潰れることが、日本では起こりやすいのです。おそらく、根本的な体質で変わらないかもしれませんね。

■仮想通貨市場はどうなる？

仮想通貨の取引が、世界で一番多い国は日本です。中国が違法にしてしまったのと、日本の金融に関する法律がザルだったのが理由だったのですが、その取引所も基準が作られていくつか閉鎖されてしまいました。

もし、日本が主導権を握ったままだったら、世界中の人が日本の取引所を使い、そこでお金を落として納税されるので、とてもオイシイ状態だったのです。**何もしなくても海外のお金が日本に落ちるわけですから、プラットフォームとして機能して非常に効率的です。**

しかし、税務署の見解によると、仮想通貨の収益に対して、「税率をそのまま支払わなければいけない」ということになります。

たとえば、8万円でビットコインを買ったとします。

順調に上がって、10万円になったときに売り抜けたとしましょう。そうすると、

2万円の利益がもらえると思うでしょう。

そこに所得税がかかるのですが、最高で45％が税金で持っていかれます。その45％が、利益の2万円に対してかかります。

そうすると、2万円×45％＝9000円が税金で持っていかれます。

まともに税金を払おうとすると、よほど多くの利益を上げないと、ペイすることがないのです。

みんな税金をちょろまかせてやるようになりますし、仮想通貨市場もやがて潰れることになるでしょう。

そのように、せっかく日本にとってオイシイ状態としてできたプラットフォームが、失われようとしています。

まあ、ビットコインの場合だと、誰か一人だけが必ずトクをする仕組みになっているので、ババ抜き程度の「遊び」くらいに思っていたほうがいいと思いますけどね。

■「よくわからんもの」を恐れるな

仮想通貨もそうですが、**「よくわからない」**という理由で潰されることがよくあります。日本でフェイスブックやツイッターくらい大規模なコミュニティが成立しないのも、それが大きな理由です。

それを逃れるのに、2ちゃんねるのときも、海外のサーバーを使ったりしましたしね。それでも、僕も3回ほど家宅捜査を受けました。

法律以外で面倒なことが起こるのが、日本の悪い部分だと思うんですよね。

そう考えると、すごく優秀な人が日本でサービスを始めても、たぶん潰されて終わってしまうでしょう。

でも、フェイスブックもたくさんの利益をあげていますし、インスタグラムも伸びています。やはり、**「コミュニティ」ってたくさんの利益が得られる**んですよね。

日本の稼ぎどころは、アダルト業界なんかは希望があるかもしれません。

海外の人たちに聞いても、日本のＡＶは非常にレベルが高いという評判です。他の国はそんなにレベルは高くなくて、東南アジアなんかでは、熱狂的に日本のＡＶが支持されていたりします。でも、おそらく国をあげてそれを盛り上げていく意思はないでしょうね。むしろ、規制していく流れのほうが強い気がします。

東京都の青少年健全育成審議会では、「ボーイズラブ（ＢＬ）のマンガを書店で売るべきじゃない」という発言があったそうです。それは問題発言だと思った傍聴者が、あとで確認をしたら、議事録から削除されていたそうです。

そういう話を聞くと、ＢＬ禁止ということも起こる可能性があるということです。

■「禁止」は一時的にせよ

日本の場合、一度、法律で決まってしまえば、強い権限を持ちます。それは、時限法じゃないからなんですよね。

たとえば、**アメリカでは、「とりあえず20年だけ制限します」というように、決められた期間内で法律を定めます。**

だから、20年後に、どれだけの効果があったのか見直して、まだ規制すべきだったらそのときは法律を続ける、という方法を取ります。

しかも、アメリカではわりと、法案を崩すための法案が出ることがあります。「あの法律はよくないので、それを打ち消す法案を作りましょう」と言って、産業側のロビイストが動いて法律が作られる動きがあるわけです。

日本はそれとは逆に、毎年毎年、新しい法律ができていく一方なので、単純に「できないこと」が増えていく社会なのです。

基本的には官僚が法案を作り、たまに政治家発の法案も生まれますが、**産業側が喜ぶ法案が作られることはほとんどありません。**

フランスはもっと制限が多い国なのですが、マクロン大統領は制限をゆるめるために頑張っているみたいですがね。むしろ政府側が頑張っているという、社会主義に近い形なのかもしれません。

■「禁止」を禁止せよ

最後に、セグウェイを例にとって国の考え方を比べてみましょう。

今のところ、日本では「違法」です。アメリカでは「合法」です。フランスの場合、電動だろうとなんだろうと、「時速10キロ以下で動くのであればＯＫ」という法律を作っています。

つまり、フランスは、制限速度以下であれば免許が不要という制限を作っているのですが、日本は、道路交通法があるから一切禁止という判断をしているわけです。

法律がなくても、日本ではドローンが社会的な圧力で禁止になりましたよね。

もともとドローンは日本のメーカーが似たようなものをラジコンで作っていました。世界的な市場が広がってきたときに、日本が乗っかれるチャンスがあったわけです。けれど、こうして禁止になってしまって、今や完全に乗り遅れてしまいました。

これから先、どんどん技術は進歩していき、「よくわからないもの」は増えていきます。第1章で述べたように、「新しいこと」にワンチャンを狙う人が増えるためにも、それらを成長させて伸ばしていくことが大事だと僕は思うんですけどね。

「すぐに禁止」「とりあえず規制」というのではなく、ある程度の自由さは必要です。そのための意識改革を、次の項目で見ていきましょう。

4

イス取りゲームではなく「イスを増やす人」を応援すればいい

ポイント

- □金持ちを妬まず尊敬する
- □低俗文化から離れてみる
- □成功者の生産性を見る

前項では、日本のダメだし体質を批判しましたが、例をあげ出したらキリがありません。

昔、渋谷や六本木を中心としたクラブ文化も、国に潰されそうになったことがあります。深夜に人が集まって踊ることが違法であるとされて、エイベックスが運営している店に警察が入ったこともありました。

でも、日本人には優秀なＤＪが多いですし、海外で活躍している人もいます。それを廃れさせようとしたのですが、なんとか食い止められました。

日本全体が下がっていくときに、新しいことで上に引っ張ってくれる人は、非常にありがたい存在なはずです。「こいつすげえ」となって応援するのが普通の感情なのですが、「いかがなもんか」と言って足を引っ張る人が多すぎるのです。

■「尊敬する人」は誰ですか？

アメリカで尊敬する人を聞いたら、スティーブ・ジョブズやビル・ゲイツ、イーロン・マスクの名前が挙がります。

それが日本の場合、三木谷浩史さんや孫正義さんの名前はなかなか出てきません。テレビタレントのような生産性の低い人が出てきます。

その国民性を反映する例として、『情熱大陸』という番組があります。そのプロデューサーの方がインタビューで、「経営者の人は番組で取り上げにくい」ということを話していました。その理由は、「今後、その会社がどうなっていくかわからない」というのと、「企業にお墨付きを与えるのはどうなのか」という二点があるそうです。

もちろん、視聴率の取れる番組として成立させなくてはいけませんから、明らかに感情の動きとゴールのカタルシスがある「スポーツマン」のほうが、見ているほうはわかりやすく気持ちが盛り上がるでしょう。

けれど、**経営者の人だって、事業を立ち上げて、たくさんの人の雇用を作って生活を安定させて、社会に大きな影響を与えている点では同じ**だと思いますが、なぜか感動が薄いという国民性があるのです。

■「職人」は一国を支えられない

２０１７年末、スーパーコンピュータを作っていたＰＥＺＹグループの齊藤元章さんが捕まってしまいました。まあ、詳しいことはわかりませんが、少なくともスパコンの世界ランキングに載るくらいの実力はあったわけです。

齊藤さんは、アメリカで事業に成功して、日本でスパコンなんて作らなくても、全然暮らしていける人でした。そんな人がわざわざ日本に来て事業をやろうとしていたのに、それを逮捕してしまったということは、日本で新しいことをやろうとしている人を減らしてしまう影響を与えます。

昔、「Ｗｉｎｎｙ」というサービスが問題になりましたが、**そこに使われていた「Ｐ２Ｐ」という技術は、今のブロックチェーンと変わらないほど優れた仕組みでした。**つまり、日本の技術は世界にかなり先行していたのですが、当時、「Ｐ２Ｐ」は日本では法的にアウトになってしまいました。

その後、エストニアの会社が、「Ｐ２Ｐ」を使ってスカイプのサービスを開始し、マイクロソフトに買収されたのは有名な話です。

『情熱大陸』の話に戻ると、ボランティア的な社会起業家の人はたくさん出演します。けれど、普通に企業がお金を稼いで雇用を生めば、貧困はなくなるわけです。

そのほうが近道だと僕は思っています。

社会起業家の他に、職人も番組的に人気があります。日本人は手先が器用でマジメな人が多いので、モノづくりの産業は残ると思いますが、日本全体を支えるほどの規模になることはありません。

たとえば、飛行機のボーイングで使われている部品は、日本の町工場のものが多く、それはそれとして評価されると思いますが、逆に、ボーイングの下請け会社でもあるわけです。

利益率の高い小さな部品を大量に作ることが、日本ほどの大きな国の規模を支える産業にはなりえません。

■有能な人はボランティア団体を立ち上げるか？

日本人は、寄付への意識が低いとよく言われます。

それには税制の問題が大きく絡んでいます。

アメリカの場合、寄付をすると、その額の50％くらいが納税額から引かれるので、

「どうせ税金を納めるくらいなら自分の好きな活動をしている団体に寄付したほうがいい」という考えが働きます。

今、ふるさと納税が非常に活用されていますが、これと同じ仕組みです。

「赤十字に寄付したら、ふるさと納税みたいに税金を免除します」としたら、きっとみんな寄付に流れることでしょう。

また、アメリカでは、篤志家（とくしか）がお金を集めて、キリスト教などのボランティア団体に貧困対策を任せるようなことをします。

とはいえ、**その篤志家やボランティア団体の人たちは、実はいい給料をもらっていたりします**。ボランティア団体の職員だけど年収1000万円の人がいるわけです。そうすると、能力的に優秀な人もボランティア団体に集まります。

実際に、スポンサーからお金を集めたりしたほうが、組織はうまく回ります。営業マンとして有能な人がお金を集めてきて、その代わりに給料も高く支払うという当たり前の仕組みなのです。

日本では、熱い思いを持っていても、能力的にあまり優秀じゃない人が薄給で働くことが多いです。

社会人としてそんなに収入の高くない人が、ボランティア団体をやって、そんなに規模が大きくならない。そんな現状なのです。

そして何より、日本ではそういう貧困問題は役所に解決を求めてしまいがちです。

アメリカでは明確に、「**貧乏人は死んでもいい**」という方針を政府が出すように、「自業自得だ」とわかりやすいメッセージを発しています。

■金持ちに対する「国民性」の違い

フランスも日本に似ていて、国に任せがちなのですが、フランスのほうはお金持ちに対する特権がゆるいです。「ヨーロッパで何百年も前からお金持ちな人には敵うはずがない」というのが身に染みてわかっているんですね。

その好例が、大学受験です。

フランスの大学受験は、一応、志望校を出せるのですが、実際にどこの大学に決まるかは、センター試験の点数と住んでいる地域を元にしてコンピュータがルールに従って決めています。そのルールは開示されていなくて、いいとこの子はいい大学に受かっているというのが現実で、その不平等さをみんなが暗に受け入れているのです。

お金持ちであっても悪いことをすれば叩かれるのが当たり前ですが、日本では豪遊することが悪だとされている感じがします。そういう概念がフランスにはなくて、だって、**豪遊しているということは、たくさんのお金を落としているということですからね。**

まあ日本でも、桁外れなくらいお金持ちだったら、尊敬のレベルに達するのでしょうが、中途半端な小金持ちが多いんですよね。


フランスに「ロレアル」という有名ブランド企業があります。

そこの創業者の娘が最近、94歳で亡くなったのですが、数年前から彼女の娘、つまり創業者の孫と裁判をしていました。

娘と孫が揉めたのは、娘には50代のカメラマンの愛人がいて、彼に寄付した総額が50億円以上あったそうで、遺産として孫がもらえるはずだったからという理由でした。

娘と孫が血みどろの裁判闘争をして、最終的には娘が死んで裁判が終わったのですが、国民は、金額が桁外れすぎて、「どうぞご勝手に」という反応なんですよね。

また、俳優のジョージ・クルーニーが、クリスマスギフトとして、仲のいい友人14人に1人1億円ずつプレゼントしたそうです。これも、「好きにやってよ」という感想ですよね。

でも、ジョージ・クルーニーの心理は、年収500万円の人が5万円のプレゼントをするくらいの感覚だと思うのです。おそらく100億円のうちの1億円くらいですからね。

どこか日本人には、お金持ちの足を引っ張れば、自分の取り分が増える感覚があるのかもしれません。島国なので、昔から農地面積が限られていて、年間で穫れる米の量が決まっているので、人の分を奪えば自分の取り分が増えますからね。

ヨーロッパやアメリカは大陸なので、土地を持っている人とそうでない人の差が圧倒的に開きます。足を引っ張って一緒に底辺にずり落ちるよりは、成功モデルをマネして近づこうと頑張るほうが早いと判断するわけです。

■「ゼロサムゲーム」は意味がない

パイが限られていて、それをイス取りゲームのように奪い合う競争を、「ゼロサムゲーム」といいます。

農業や漁業であれば、ある程度のゼロサムゲームは仕方ないでしょうが、日本でイス取りをするのではなく、その中にいる「**イスを作ろうとしている人**」を応援するようにしなくてはいけないと思います。

孫さんや三木谷さんが座っている1つのイスを奪うより、10個でも100個でもイスを増やしてくれるのであれば、それを応援して、ちゃっかり自分も座るようにしたほうが絶対にトクなわけです。自分がゼロサムゲームをしていないか、足を引っ張ることをしていないか、我が身の行動をチェックするようにしましょう。

フランスに住んでいて驚いたことに、「バラエティ番組とワイドショーがほとんどない」ということがあります。ニュースやドラマは多いんですけどね。

バラエティ番組やワイドショーは、基本的に頭が悪い人向けのものが多いです。

頭の悪い人向けの番組を作って、頭の悪い人がＣＭを見て、モノを買わせるという効率のいいシステムになっています。

ワイドショーという大衆文化こそ、「足を引っ張る」「人を叩く」の元凶です。

そういう低俗なものに、フランスに住んでいると触れることがありません。

何かわからないことがあったときに、「説明の仕方が悪い」と思ってしまう人は要注意です。足を引っ張ろうとする精神性がありそうです。「勉強しなきゃマズイ」と思える人は、まだ大丈夫です。

■「国内向けビジネス」はジリ貧

成功した人が、どれだけの価値を生み出して社会に貢献しているかを伝えるより、いかに悪い部分があるか、ということを伝えたほうが、社会的に受けてしまいます。

これは非常に問題です。

社会的に受け入れられる経営者といえば、ジャパネットたかたの高田明（たかたあきら）さんが思い浮かびます。長崎県のなまりもあって、好感度が高いのでしょう。

けれど、テレビショッピングというビジネスモデルは、新製品を扱うより、少し型遅れの商品を安く売るほうが利益をあげられます。

もちろん、それでも雇用を生んでいますし、消費者を幸せにしているのでしょうが、日本の基盤となる力になる事業かというと、そうではありません。

また、**日本向けに売るようにデザインされたものは、「少しダサい」というマイナス点もあります**。

地方のデパートに行けば、日本の主婦層にはウケるのに、世界には出ていかない商品が山ほどあることに気づかされます。

そこを相手に商売をするのは、はっきり言って非常にぬるいわけです。まあ、言語の壁や文化の壁に守られてぬくぬくと勝負しているのは、ある意味、最適解として正しいのでしょうけどね。

でも、それがジリ貧になっていくのは避けられないことなので、「あなたなら、どちらを選びますか？」という問題に落ち着くでしょう。

5

上に立ちたいなら「何もしない雄ライオン」たれ

ポイント

- □トラブル好きか、ルーティン好きか
- □契約書はあら探し能力
- □言葉の厳密さを身につける

僕は今、経営している「未来検索ブラジル」という会社の業務と、管理を任されている匿名掲示板サイト「４ｃｈａｎ」の管理人業務をしています。

どちらも、常にルーティンワークをしているというわけではなく、動画の生放送などで大きなトラブルがあったときに技術的なアドバイスをしたり、ＦＢＩや裁判所から書類のサインを求められたときの法的な対応などを主にしています。また、決算のときに資料を作って税理士の人に送ったりします。

いずれも、僕が出ていかなくてはいけないときにしか働いていなくて、ルーティンワークでできることは他の人に投げてしまいます。

そのルーティンワークがうまく回っている限り、僕はやることがないんですよね。

■「トラブル」はお好き？

同じことを繰り返すことが昔から苦手で、ただ、初めてのことだとどんなことでも楽しんでやれます。

それがたとえイヤなことでも、「ひょっとしたら、こう考えたら面白いかも」「ネタとして笑いに変えられるかも」と考えれば、なんでも楽しめますからね。

僕は、好きな音楽を何度も聴く習慣がありません。たとえ、苦手な音楽が流れてきたとしても、ラジオを流しておいたほうが新しい情報が得られます。それくらい同じことを繰り返すのがイヤなんですよね。

ということで、**社長の仕事って実は雑用じゃないか**と僕は思っています。

人を雇って仕事を任せて、誰もやらないこと（できないこと）は社長がせざるを得ないというのが本当の経営者です。

よく、営業が得意だからという理由で社長をやる人がいるのですが、営業だって人に任せることができます。

ライオンのオスは、狩りをメスに任せて、群れを守るという体で何もしないのですが、それに似ています。

その代わり、僕はトラブルが大好きです。

前例がなくてどうしていいかわからないときに、トラブルを最小限にとどめるように推測をしながら対応するのが好きなのです。

■「あら探し」の才能

トラブルとしてよくあるのが、契約書の文言の対応です。

「別途定める」という文言が書いてある契約書があったときに、「範囲」が定められていないと、後から勝手に対価を決められてしまいます。

だから、「これは消してもらったほうがいいよ」と、細かい指示を出すわけです。

僕は、人のあら探しが好きなので、契約書を交わすときも、「その人が悪意を持って行動するとしたら何をやるだろう?」という視点で考えるようにしています。

たとえば、「お金を支払います」という一文があったとします。

このままだと、契約としての意味を持っていません。

なぜなら、「いつ払うのか?」「どこに払うのか?」「誰が払うのか?」が書かれていないからです。

じゃあ、それが書かれたとして、今度は、「1000年後に支払いますね」と言われたらいけないので、「いつまでに支払うのか?」ということもちゃんと明記してもらいます。

そういう「抜け道」を見つけて潰すのが、経営者としてのスキルです。

だから、どんぶり勘定の人は、経営には向いていません。とはいえ、入ってくるお金が多いときは、それでも組織が回ってしまうのですが、売上が落ち込み始めたら一気に経営が厳しくなります。

日本の場合、「いい人」が多いので、雑な契約書を結んでいたとしても、それを悪用しようとする人は滅多にいないでしょう。

契約書で例をあげると、「割り印」と「捨て印」というのがあります。

割り印は、お互いの契約書を重ねてハンコを押すので文書の修正ができませんが、捨て印は、とりあえずハンコを押してしまうので後から文言を書き加えることができてしまいます。

とはいえ僕は、相手が日本企業の場合、捨て印を押します。先ほども述べたように、

「いい人」が多くて日本の社会を信じていますし、そのほうがスムーズにいきます。

まあ、日本において一字一句を争うなんてことは、ほとんどないですからね。

けれど、知り合いの経営者は、絶対に捨て印を押さないそうです。**「その場合、1億円を支払う」というような文章を勝手に追加することができてしまうからです。**

ちなみに、外国で捨て印のようなシステムは見たことがありません。白紙委任状と同じで、「どうぞ、何を書いても大丈夫ですよ」と言っているようなものですからね。

■裁判ぶっ続け生活で学んだこと

僕は昔、裁判所に毎日のように通う生活をしていました。2ちゃんねるが問題になりはじめたときですね。

そうすると、弁護士や裁判官の前で、書かれている文言がどういう意味なのかを、一字一句言い争うわけです。そこでトレーニングされたことも大きいかもしれません。

たとえば、「ご迷惑をおかけしました」という文言があるとします。

「迷惑をかけたことを自覚しているのだから、その分、発生した損害について賠償するのは当たり前だ」という論理で攻めることができます。

それを認めてしまえば、民事訴訟の場合、損害を支払うような落としどころをつくることになってしまいます。

または、「迷惑をかけたのは、あなたに対してではなく、社会に対してだ」という言い方もできます。そうすると、支払う金額がまったく変わってきます。

ネットに書き込む際も、「死ねばいいのに」と「殺す」はまったく意味が違います。前者は願望なので無罪放免ですが、後者は殺害予告なので完全にアウトです。けれど、言われた側のダメージは変わらないので、みんな混同して使っているんですよね。**言葉の厳密さは、責任が生じる立場の人には必要な能力だ**と思うんですがね。

■サラリーマンタイプか、経営者タイプか

以上のような仕事が向いているのであれば、経営者を目指すのもアリでしょう。

僕は面白いと思ってやっているので、そこまで負担に感じませんが、逆にルーティンワークで言われたことをしているほうがラクだという人もいるでしょう。

「経営者がよくて、労働者が悪い」という単純な分け方ではなく、**「やりたくないことをやらされている」という状況が人生において不幸であることになります。**

だから、そういう状態にならないようにするのが、「完全無双」を目指す上で重要になります。

まあ、それでも「やりたくないこと」をしなくてはいけないときもあります。

そんなときは、第1章で述べたように、自己洗脳能力を使って自分を動かすようにしましょう。

6

死んでも「オワコン業界」は選ぶな

ポイント

- □人工知能を意識して働く
- □売上に貢献する
- □モノづくりと協力する

仕事を選ぶ上で、「業界選び」は重要です。

本書で何度も言うように、「たまたまそこにいたから」ということが人生を決めます。いかに個人が頑張っていても、オワコン業界にいると全員が一斉に潰れてしまいますからね。

今、特に危ないのは、「銀行」だと言われています。とはいえ、きちんとお金を運用して殖やしている優秀な人は生き残ると思います。一方で、**窓口業務をやっているだけの人は非常に厳しいでしょう**。

窓口業務はコンビニ店員と変わらないわけですから、高い給与で雇うのではなく、段階的にアルバイトに任されるようになっていくと思います。

現に、アメリカがそうしています。

窓口業務は時給1200円くらいの人がやっていて、一括で管理している人が正社員としているだけです。日本の銀行では、まだ社員が強く守られていて、アルバイトの人が入っていく余地がありません。

■「コンビニ店員」は生き残るかも

もしかしたら、**銀行の窓口の人よりコンビニ店員のほうが生き残れるかもしれません。**

なぜなら、チケットの発券や宅配業務の対応など、コンビニ店員のやることがどんどん増えているからです。住民票を発行することもあるので、コンビニはある意味「インフラ」の役割を果たしつつあります。

最近、人工知能（ＡＩ）の発達によって、「コンビニは巨大な自動販売機にすればいい」ということがよく聞かれますが、実はそうでもなくなってきています。

たしかに、モノを売るだけならレジを自動化させればいいでしょうが、先ほども述べたように業務は増えています。

さらにコンビニは中途半端に店内が狭いので、**面積の問題上、人がいたほうが安く済ませられる**のです。逆に、ある程度の広さがあるスーパーだと、自動レジにしたほうがコスト的にトクになります。

■売上に「変化」を及ぼしているか？

73ページでも述べましたが、「**あなたがいることで、売上の増減に影響があるかどうか**」という点が重要になってくると思います。

影響があるのであれば、頭を使って工夫して試行錯誤すればいいし、影響がないのであれば、いかにラクしてサボれるかに頭を使ったほうがいいわけです。

たとえば、郵便配達の仕事は、相当キツいと思います。

物を届けるのは、配達先の間違いや物を壊さないという点さえクリアしていれば、誰が運んでもいいわけです。

しかも、年齢に応じてスキルが身につくというより、明らかに50歳より20歳のほうが元気でたくさんの物を運べます。

物を右から左に運んで、何かモチベーションが湧けばいいのですが、そういうのもあまりなさそうなイメージですよね。

まあ、毎月ごとに働く場所が変わるのであれば、新たな土地勘が身につくという点でおもしろさが生まれるでしょうが。

とはいえ、同じ場所をずっと担当してルーティンワークをさせるほうが、個人のモチベーションはさておき、**会社にとっては効率的なわけですから、そういう働き方は認められないでしょう。**

でも、その人が休んだり、辞めたりしても、その会社に影響がないようなタイプの仕事であれば、この先、気をつけたほうがいいと思います。

■先進国で日本だけがマズい？

日本は資源がない国だとよく言われます。だから、**積極的に外貨を稼ぐ必要があります。**それなのに今、先進国の中で経済成長率がずっと低いままです。

経済成長率が低いというのは、どれくらいまずいことなのでしょうか。

たとえば、大学を卒業して年間で3％ずつ昇給をしていく人と、まったく昇給しない人がいたとします。

最初の1年では、20万円と20万6０００円と、あまり差がありません。

しかし、45歳くらいになったときに、約40万円と20万円で、倍の差がついてしまうわけです。

この、**他の人との「差」というのが、これからは重要になってきます。**

自分以外の全員が伸びているときに、自分ひとりだけが伸びていないと非常にマズい状況になります。

経済成長率の場合、リーマンショックのときには、日本以外の国も景気が悪くなったので、実は問題はなかったのですが、その後、他の国は回復してきているのに、日本はいまだにプラスになったりマイナスに転じたりしているわけです。この状況がマズいのです。

■「無人バス」に対する反応

それでは、日本には、どういった可能性があるのでしょうか。

詳しくは終章で述べますが、可能性がある分野は、「**観光**」と「**IT**」だと思っています。あるいは、高い給与を出せば、自動車や都市インフラの分野で他国に先んじれる可能性が残っています。

けれど、僕は少し懐疑的に見ています。

なぜかというと、以前、ラスベガスで無人バスが運行されたのですが、それに対する日本の報道と反応を見たからです。

その無人バスは、試作段階ということもあって、事故を起こしてしまったのですが、アメリカ国内では、「まあ、最初はそんなもんだよね」という論調でした。

一方で日本では、「やはり無人バスはよくない」という意見が多かったのです。ここまで何度も述べたように、セグウェイやドローン、仮想通貨と同じ運命をたどることになりそうですよね。

もし、この事故がラスベガスではなく、日本で起きた場合、すぐに規制され、産業としての成長が止められることでしょう。

そして、農業の場合と同じように、「バスやタクシーの運転手の雇用を守るべき」という一部個別の意見が力を持ってしまい、結果、国全体が損をするのです。

■若者が食っていく道

180ページの「イス取りゲーム」の話でも述べましたが、これから先、作業が熟練することによって生産性が上がる仕事は、どんどん減っていきます。

鉄工所などで加工品を面取りしたり、キレイにしたりする作業は、経験が長いほど上達していく性質があります。

けれど、「はじめに」でも述べたように、最近は、海外製品の質が上がってきています。仮に海外の工場で90%の精度でモノづくりをしていたとしても、大量生産をし、残りの10%のモノは廃棄するようにすればいいのです。

そんな競争に勝てるわけがありません。

日本のモノづくりに可能性があるとすれば、工場を建てるノウハウや機械の配置、職人技術などを数値化して、プログラムに落とし込むことではチャンスがあります。

そうすると、50歳以上の人がプログラム言語を覚える必要がありますが、それを若い人たちが仲立ちをして補完してあげればいいのです。

若い人にとっては、職人的な長い修業生活よりも、新たなスキルを身につけて業界を横断できるようにするほうが、これから先は長く食べていけるかもしれませんね。

終章

日本はこうやって生き延びろ

■国が競争を降りられるか？

商品には、寿命があります。

ガソリン自動車は、２０２５年くらいには絶滅しそうですし、スマートフォンも、アンドロイドが登場して以降、価格がどんどん安くなってきています。

ひとつの商品を一生懸命に作る業界は、世界の市場で戦う限り、もうこの先、長くは保ちません。

結局、オイシイ業界は、「観光」だけになりそうです。

42ページでも述べたように、ギリシアという国は、１０００年以上も観光業で食べています。エジプトも、今はテロの影響で観光客が減ったようですが、ピラミッド観光が一番の収入源でした。

観光地というのは、そこに存在する限り、必ず見にくる人が現れるものです。

そして、お金は相対的なものなので、世界中のどこかには必ずお金持ちが存在していて、世界的に有名な観光地であれば、そのお金持ちは必ず見にきてお金を落とします。

生きている限り、「死ぬ前にあそこは見ておきたい」となりますからね。

そう思わせるような観光地を、日本も国をあげて注力して作るべきだと僕は思います。この先、1億人の人口が増えるかどうかがポイントになるのですが、最低限の石油を買い取って、食料を日本全国に流通させられればいいわけです。

そこから逆算して、**最低限、外国から買わなければいけないものを観光による収入だけで賄える**（まかな）**のであれば、もはや観光大国を目指したほうが早いのです。**

それを前提に、未来の日本の生きる道を探ってみようと思います。

■60年代の街並みを残すキューバ

観光地には、大きく分けて3種類あります。

1つ目は、ニューヨークやシンガポールのように人口が多い大都市です。

2つ目は、ナイアガラの滝やグランドキャニオンのような大自然。

3つ目が、パリやローマなどの歴史的な街です。

僕は特に、3つ目の「歴史的な街」がオイシイと思っています。なぜなら、**他の国と違った文化を持っていればいいだけだからです**。

誰だって、自分の国で見られるものを、わざわざお金を払って外国に見に行くことはしません。京都には昔からの日本建築が街として残っているから、日本に行かないとそれを見られないのです。江戸時代に鎖国していたことで「お城」という建物が残り、それをわざわざ外国人が見にくるわけです。

それを逆に考えると、独自の文化を作って残し続けることを100年ほど続ければ、他の国にないものができるのではないかと僕は思うんですよね。

たとえば、中米にキューバという国があります。

ここも観光地として有名なのですが、それはなぜかというと、1960年代の街並みが今も残っているからです。60年代の建物が残り、60年代の自動車がいまだに現役で走っています。

しかし、それは、60年代にアメリカから制裁を受けたせいで、国全体が貧乏になってしまい、当時のものを使い続けざるを得なかっただけなのです。

つまり、「60年代の文化がおしゃれだから」という理由ではなく、仕方なく使っていたら、勝手に観光客が世界中から珍しがって見にくるようになったのです。オールドカー好きからすると、昔の車が走りまわっている街は、すごく面白い光景ですからね。

だから、**日本を今の状態で停滞させて、全国を観光地化してしまえば、キューバのようにダラダラ暮らせるようになる**と思うのです。

世界一の高いタワーを目指して東京スカイツリーを建てましたが、すぐにアラブ首長国連邦のブルジュ・ハリファに抜かれました。

競争すると目の敵にされてしまうので疲弊するだけです。

ということで、**日本は全国を日光江戸村みたいな街並みにするか、秋葉原のようなアニメやゲームの街を広げていくのが一番の正攻法でしょう。**

実際に日本も、町単位ではそうなりつつあります。

「○○ゆかりの街」というのが全国にたくさんありますが、大体はこじつけているだけです。「ゲゲゲの鬼太郎で食っていこう」みたいな町は潔いですよね。

鎌倉には、鎌倉大仏という大きい仏像がありますが、これもアリだと思います。

子どもの頃は、ただ大きいだけで何の意味があるのかサッパリわかりませんでしたが、でも外国人がたくさん来ているわけです。

京都や奈良と比べると、鎌倉の大仏の歴史的な価値はそれほど大きくないのですが、それでも建ててから数百年も経つと、立派な観光地として人を集めてお金を落とさせています。これって実は賢いやり方です。

■マーライオンの戦略を学べ！

シンガポールには、マーライオンという有名な像があります。

まさにこれは、観光名所を作ろうとして、あえて作った建造物です。シンガポールは歴史がなくて、特に見るものが何もないから、とりあえず、みんなが見に行くものを作ろうとしてマーライオンが建てられたわけです。

なんでもいいから作ったら、それに勝手に価値がついてくるのです。

だから日本も、向こう500年くらいを見越して、「これで食っていこう」と決めて、くだらないものを作ってしまえばいいと思います。

たとえば、「お台場のガンダム」のように、ノリで作っちゃったものを、半永久的にずっと残しておけばいいんですよね。

しかも、お台場のように交通の便がいいところではなく、むしろ田舎で行くのがすごく面倒くさいところに作っておけば、観光客はわざわざ交通費を払って行くようになります。

インスタ映えを求める世の中ですから、人々はネタに飢えています。

誰でも行ける都内のスポットではなく、「こんな田舎にわざわざ行ったのかよ！」とツッコまれることを期待して、ド田舎に人が押し寄せることになるでしょう。

また、「**他の国にないものを作る**」という視点を持つようにしましょう。引き続き、観光地を例に説明をします。

浅草は、外国人が集まる観光地として有名です。もちろん、浅草寺や街並みも有名なのですが、アサヒビールの本社も珍しがって人が集まります。修学旅行の小学生なんかが、「金色のうんこだ」と言って喜んで指さしているのを目にしますが、そんなくだらない理由でも、立派な観光地だと思います。

アサヒビールに限らず、他の企業やお店も、浅草という立地を活かして観光地づくりをやっていきましょう。

どんなにくだらなくても、他の国では見られないものを、ちゃんと何百年も先を見越して作っておく。

そして、お客さんから少しでもお金をいただけるようにマネタイズする。

小学生にうんこ呼ばわりされているアサヒビールの建物だって、絶対にデザインの段階でわかっていたであろう「確信犯」だと僕は思うんですがね。

■「雪山のサル」で食っていけ

前述したように、歴史的な街並み以外に、「自然」というのも観光スポットになります。

特に、「温泉」は世界的にも珍しいものです。もちろん、温泉は外国にもあります。アメリカのホットスプリングスや、ヨーロッパのアイスランド、ハンガリー、ドイツにもあります。けれど、活火山がないといけないので、圧倒的に、ない国のほうが多いのです。

雪山のサルが温泉に浸かっているところを、テレビなどで誰もが見たことがあるでしょう。日本人にはあまり珍しくないかもしれませんが、あれは世界的には非常に驚くべき現象です。

そもそもサルは南のほうの生き物なので、寒いところには生息しません。それが日本の場合、島国の性質と四季があるおかげで、サルが温泉に入る環境が整っているのです。**そんなことだって、十分に外貨を落とせる絶好の観光スポットになりうるのです。**

それに、温泉は簡単に作れるものではありません。理論的には可能で、地下深く掘っていけば、いずれ温かいところまで到達しますから、やろうと思えばできます。

しかし、人工で作ったものと、昔からあるものだと、やはり価値が違います。

温泉の他に、北海道の「ニセコのスキー場」もレアなスポットです。

特に、中国やオーストラリアの人たちに人気なのですが、その理由は、スキーがしやすいからです。ニセコの雪質は、スキーに非常に適しています。中国だって雪は降りますが、スキーにはあまり適していない雪質だそうです。

さらに、ニセコだと温泉がセットになって付いてきます。雪山自体はたくさんありますが、スキーができて温泉にも入れるとなると、やはりたくさんの観光客が訪れるのです。

■「カジノ」は長期的に苦しい

以上のように、日本の独自性を出さなければ、観光地として成功することはできません。

観光客誘致でいうと、以前から、日本にカジノを作る計画が進んでいます。けれど、僕はこれを懐疑的に見ています。

そもそも、カジノなんてどこの国でも作ることができます。

だから、直近の10年ほどはいいかもしれませんが、長いスパンで見るとトクをしないでしょう。

昔は、カジノといえばラスベガスで、世界一の収益を誇っていました。今は、中国のマカオが1位になっています。

それぞれのカジノに大きな違いがあるのではなく、単純に、「**中国人がどこにお金を落としているか**」というのが重要で、遠くのアメリカに行くよりは、マカオのほうが近場だという立地的な理由が大きいのです。

そうすると、中国がマカオを持っている以上、日本にカジノを作っても、わざわざ来るメリットがありません。

別の用で日本に来たお金持ちが、ついでにカジノに多少のお金を使うことで、売上的にはプラスになるかもしれません。しかし、日本のカジノだけを目当てに来る外国人は少ないでしょうから、結局、他国のカジノと比べると競争で負けることになるのです。

シンガポールにもカジノがありますが、それも、シンガポールのカジノを目当てに来ているわけではなく、「旅行に来たけれど、他にやることがないから、仕方なくカジノをしている」という人が多いそうです。

そのように、副次的に稼ぐのが目的であれば、日本にカジノを作る意味はあるでしょう。けれど、それに賭(か)けて観光地として一発逆転を狙うのであれば、勘違いもいいところでしょう。

■スイス式「没落」のすすめ

ここまで、ギリシア、シンガポール、キューバの例を紹介し、**それぞれの「いいとこどり」をすることで、日本の生存戦略を探ってきました。**

最後に、もうひとつ、スイスの話をしたいと思います。

スイス人は、教育レベルもしっかりしていて、公用語のドイツ語とフランス語、イタリア語、ロマンシュ語、さらに英語も大体の人が話せて非常に優秀です。

ローマにあるバチカンの衛兵は、スイス人の傭兵で構成されています。スイス人は気質の荒い性格で、戦争になると非常に強い力を発揮し、それを恐れて他国が攻め込んでこないというのも有名な話です。

ハプスブルク家が力を持っていた時代、オーストリアがわりと強い大国でした。そのオーストリアとイタリアの間にあった国が、スイスでした。昔はオーストリアに乗っ取られたりしたのですが、山を通る際に通行料としてお金を徴収することでスイス人は暮らしていました。

いちいち通行料を取られていると次第に、「スイス人を絶滅させよう」という話が出るようになったのですが、いざケンカをすると勝つことができないのです。

スイスは山の多い国なので、基本的に山岳民族です。つまり、山男のような人がたくさんいます。

山男は、自然の中で、どんな手段を使ってでも生き残っていく力があります。**「自分一人でも生き残って、相手のボスを暗殺してやる」と思う人が大勢集まっていると、他国は怖くて攻めることができません**。高い城壁なんかも、平気で登ることができたそうです。

戦略として自分を犠牲にしてでも全体の勝利を取りに行くというのは、第二次世界大戦の神風特攻隊のような精神でもあります。そんな評判だったので、スイスという国は独立して生存することができました。

「敵に回すと怖い」と世界中から思われている点で、スイスと日本は似ています。

日本人は自分たちのことを温和だと思っているかもしれませんが、やはり戦争を経験した後、アジアの国から見ると、怖いイメージが残っています。

『ハクソー・リッジ』という映画があります。第二次世界大戦中の沖縄が舞台で、アメリカ軍が沖縄本島を攻め込む話です。

そこでの日本兵は、とても凶悪に描かれています。

自分たちが実弾を撃たれても、それでも前に出ていくという戦い方を、実際に日本人はしていたわけです。

たとえ、100人が殺されたとしても、最後の一人が勝てばいいわけですから、**「じゃあ、101人で攻めよう」**という考え方を日本はしてしまったのです。そうなると、他国は戦略が読めなくなるので、下手に攻め込むことができません。

ということで、世界史が物語るように、日本を占領しにくる国は少ないと思うわけです。そうすると、清く正しい観光地として、スイスのように没落していく生存方法を選んでもいいんじゃないかと思うのです。

■「世界の金持ち」を呼び込もう

日本の外食文化は、おいしいことで有名です。それは外国人も認めています。しかし、元ゴールドマン・サックスアナリストで、日本文化に詳しいデービッド・アトキンソン氏によると、**日本のホテルは、値段が安すぎて外国人観光客が来ないといいます。**

前述したように、世界中には、アラブの石油王のように、ケタ外れのお金持ちがいます。彼らにお金を落としてもらうのが、外貨を稼ぐ一番の近道なのですが、彼らは、安いホテルには泊まりたくないと思っています。だいたい、1泊100万円以上でなければ、ちゃんとしたホテルだと認めていないのですが、東京でそれくらいのクラスのホテルは、ほとんど見当たりません。

世界の超金持ちは、プライベートジェットで一族を引き連れて日本に来ます。そうすると、高級ホテルの最上階をすべて貸し切って旅をするわけです。

日本には、今、それを支えられるホテル産業がないんですよね。ホテルが安すぎて、「じゃあ泊まる価値がないよね」と言って帰ってしまうのです。それって、非常に損しているのではないかと思います。

世の中には、「お金を使いたい」という人たちがいます。その需要を満たしてあげることも必要です。

その典型が、先ほどの超金持ちの人たちです。**彼らにお金を使わせるような受け皿を、日本にも作ればいい**と思うのです。

日本には、平均点が取れているサービスが多いです。日本人だけを相手にした場合、最低限のクオリティをクリアしていれば、できるだけ安くサービスを提供しようとしたほうがトクですからね。

一方で、超一流の人たちに向けたサービスを用意することも、これからの日本はやっていかなくてはいけないと思います。

■セレブのための「箱」を作れ

以前、僕が住んでいるパリで、20億円相当の宝石が盗まれる事件が起こりました。そのときに被害者が泊まっていたのが、プライベートホテルという、表向きはホテルとして経営していない形態の宿泊施設でした。3～4部屋ある一戸建てで、20人くらいが暮らせる広さで、中はホテルのような形状になっています。一泊の値段は、50万円ほどしたりします。

そんな施設を、日本にも世田谷区などで用意すればいいと思います。**ゆったりした一軒家を世界のお金持ちに向けて貸し出せば、たくさんの外国人観光客を呼び込めます。**

これから先、日本は人口が減って空き家が増えますからね。その有効活用の意味でも、いいビジネスモデルになるでしょう。

日本にも、ザ・ペニンシュラ東京やパークハイアット東京のように、外資系の超高級ホテルがあります。

それらであっても、100万円以上の部屋を探すと、意外と少なくてどこも安いです。六本木や新宿、有楽町のような一等地に建ててしまうので、部屋も狭くなりがちです。

他の国の場合だと、わりと都市部の観光地から少し離れたところに、とてつもなく大きいホテル群を建てています。

たとえば、ハワイのオアフ島の場合、ワイキキビーチから30分ほど歩いたところに、ヒルトン・ハワイアン・ビレッジ・ワイキキ・ビーチ・リゾートがあります。広大な土地にホテルを何棟も建てているので、部屋も広いです。一方で、ワイキキにあるホテルは、小さくてごちゃごちゃしていて、ひと部屋も狭いです。

お金持ちの人は、多少ホテルが離れていても、徒歩や電車、バスで移動するわけではないので、まったく気にしないのです。

そういった金持ち需要を汲み取って、日本もビジネスを展開していけばいいと思います。

■「いらない仕事」から消えていく

ベーシックインカムが実現されて、「食うための労働」から人々が逃れられたら、きっと世界のお金持ちがどういうお金の使い方をしているのかに日本人は目がいくでしょう。

205ページでも述べたように、日本の経済が他の先進国と比べて相対的に衰退していくと、日本円の価値がどんどん下がります。

そうすると、本書でも何度も述べているように、外貨を稼げる仕事がオイシくなってきます。

国内向け商品だって、どんどん国外向けにシフトしていくでしょう。

たとえば、日本人全員のうち20％が仕事を辞めて生活保護に移ったとしましょう。それによって輸出品の総額が減らなかったとしたら、その20％の人が働かなくてもなんの問題もないということです。

働いている80％の人たちのうち、半分が喜んで働いていて、もう半分が給料をもらっていることに納得をして働いていれば、ちゃんと国として回っていくはずです。

20％の辞めた人たちがやっていた仕事は、もしかしたら「いらない仕事」なのかもしれません。牛丼チェーンが24時間営業をしています。たしかに、いつでも食べられるのは便利なのかもしれませんが、それがなくても誰も死にません。

そういう、「**あれば便利だけど、なくてもいいよね**」というレベルの産業が、どんどん減っていき、ちゃんと外貨を稼げる仕事だけが残ることになるでしょう。

今、居酒屋などの飲食産業が、ブラック企業に該当することが多いです。

労働としてキツくて、しかも給料が安いとなると、生活のために働いている人は、まっ先に去っていくことになるでしょう。

外貨が稼げる仕事には優秀な人が集まり、国内向けサービスのブラック企業は減っていきます。それってとても健全なことだと僕は思います。

フランスでは、基本的に日曜日はお店が閉まっています。

キリスト教的な思想で、「日曜日は安息日として働かない」という考えがあります。

日本と違って、24時間営業はないですし、日曜日が稼ぎ時とも思っていません。**それでも社会は回っていくということを当たり前だと思うと、ムダな頑張りが減ることになります。**

イタリアやスペインだと、平日の昼にもみんなが休んでいます。街のレストランも開店していなかったりするので、旅行していて昼ごはんを食べるのにも一苦労します。

■海外の「安い労働力」を入れるな

日本は、これだけコンビニの店舗数が多くて、しかも多くが24時間営業を続けています。これは、世界で見るとあらためてすごいことです。

けれど、それは限られたパイを薄給で削り合っているだけであって、新たなパイを増やすことはしていません。

たとえば、居酒屋の場合、人間ひとりの食べる量や飲む量は限られているので、営業時間を増やしたからといって、飲食する量が増えるわけではありません。それに、夜に店が開いていなければ、みんな家に帰って勝手に飲み食いするだけですからね。

国内向けサービスは、短い時間に集中的に仕事をして、その生産性で給料を上げるしかないと思います。

そうすると、安い時給で外国人を雇うようなことはしちゃいけないのです。外国人にとっては、時給800円だって、とてもオイシイ仕事です。けれど、日本人だと、家賃を払って税金を納めて社会保険料を払うことを考えると、低い時給では厳しいでしょう。

つまり、外国人の安い労働力に支えられて、今の日本のムダな産業が成り立ってしまっているのです。

これから考えられる戦略としては、違法な外国人労働の罰金をぐーんと上げてしまうといいと思います。企業にとっては、安い外国人を働かせることで、多くの利益を確保できるわけですから、雇うモチベーションが高くなっています。だから、法的にそのリスクを上げてしまうのです。

実際に、外国人が日本で働いたところで、日本に税金を納めるわけではありませんし、年金などの社会保障を支払いません。すなわち、日本全体としては損をしている状態です。

だから、**就労ビザをちゃんと取った外国人だけを雇うことにし、取得していなければ、大きな罰金を取るようにすればいいのです。**

今のビザのシステムだと、留学生がバイトしてもOKということになっています。日本人の失業率が0％であれば、別に外国人に仕事をさせてもいいと思うのですが、そうでなければ、禁止にしてしまったほうがいいと思います。

失業している日本人がいるのに、安く働く外国人がいてしまうと、結局、最低時給を上げなくてもよくなってしまい、ブラックな労働環境が蔓延（まんえん）してしまいます。

■「競争から逃れる国」になれるか？

さて、ここまで、日本という国が生き残っていくための戦略について述べてきました。結論をまとめると、世界でお金を持っている人たちに日本国内で外貨を落としてもらうために、日本ならではの「観光」事業に力を入れ、ホテルなどの「一流向けサービス」を充実させ、かつ、単純に「安い外国人労働者」を国内に増やさない、ということを国をあげてやっていく、ということです。

そうすることで、ギリシアやキューバ、スイスのように、世界中を巻き込んだ経済的な競争から、うまく降りることができるのです。

韓国や中国とギクシャクしてしまうのは、経済的に追いつけ、追い越せと敵対視して競争してしまうからです。経済の指標がある限り、感情的なわだかまりは拭えません。

「お金を持っていて、日本を見にきてくれるのなら、どうぞ来てください」

「日本の食事やサービスにお金を使ってくれて、ありがとうございました」

そういった、「競争相手ではない関係」になる選択肢はアリなのかなと思うのです。

パリの街並みと、ローマの街並みは、それぞれ競争相手ではありません。

単純に世界遺産の数を比べて、勝ち負けを競ったって、勝ったほうの観光客が増えるわけではありません。「パリも見ときたいし、ローマも行ってみたい」と、別々の文化として存在しているだけです。

これこそ日本が、**パイを奪い合う競争から降りて、パイを増やすほうの道を選ぶ**ということです。自動車を作って、アメリカやドイツと性能で戦って、市場を奪い合うのとは、訳が違うのです。

繰り返し述べますが、結果として、日本は少子化になりました。これから先、どんどん人口が減っていきます。

また、幸か不幸か、日本は島国です。

チベットやウクライナのように、隣に地続きで大国が存在すると、次第に占領されてしまいます。

けれど、海に囲まれているというのは、たまたまですが、地政学的に非常にオイシイので、占領されるリスクが少ないです。ただ、ヘタに核武装なんてすると、今度は他国が日本を攻めてくる口実を与えてしまいます。

そういう刺激することはせずに、ただ、「観光しやすい国づくり」を上手に進めていく。

そんな平和的な生存戦略を取っていってほしいと願っています。

付録1 おすすめ観光リスト

ここまで書いてきたとおり、「観光」はこれからの日本の重要な産業になりますし、なにより、僕も海外旅行は大好きです。そこで、「死ぬまでに見といたほうがいいよ」という観光リストをまとめておこうと思います。

①「インド」

最初におすすめを聞かれたら、人によるのですが、だいたいインドをすすめています。特に、若い人なら絶対に行ったほうがいいです。年をとってからは体力的にキツいですからね。

よく、インドに何かを求めて訪れる人たちがいます。彼らの話を聞くのも非常に面白いです。まあ、僕は自分より他人への興味が強いですからね。

②「アメリカのバーニングマン」

バーニングマンとは、ネバダ州の砂漠で行われる大規模なイベントのことです。世界中から約7万人もの人が集まり、1週間、砂漠でダラダラ過ごし、最後は人の形をした造形物を燃やすお祭りをします。

僕はこれまで3回参加しました。電気や水道はなく、お金を使うことはできず、物々交換も禁止です。ただ、無償で人にあげることは許されているため、「人間たちが損得を抜きにして生活をすると、どうなるのか？」という実験的空間にもなっています。

③「バチカン市国の美術館」

美術館というのは、基本的に、お金持ちや国王のコレクションであることがほとんどです。けれど、バチカンの場合、キリスト教の時代に十字軍が世界中から盗んできた美術品が収蔵されています。だから、レベルが高すぎるのです。

ここを訪れると、他の美術館がしょぼく感じてしまうので、世界の美術館巡りの最後にとっておくのもいいかもしれません。

ちなみに、バチカン以外だと、イギリスの大英博物館とパリのルーヴル美術館が素晴らしいです。

大英博物館も、バチカンと同じく、他国から盗んできた歴史があるので、エジプトなどの他国から返却要求をされているようです。その代わりではないですが、大英博物館は入場料が無料です。

バチカンはお金を取っていますが、名作・名品があまりに多すぎて、そこらじゅうに無造作に置かれている光景は必見だと思います。

④「アメリカのゲッティ・センター」

ロサンゼルスにゲッティ・センターという美術館があります。石油王が財団を作り、年間4000万円もの利息があり、「そのお金を必ず美術品に使うように」という遺言の下に、いい作品をたくさん集めています。

山の上を全部美術館にして、広大な土地に、ひたすら絵や彫刻品を飾りまくっています。行くたびに作品がどんどん増えるので、何度も楽しめるのが面白いです。

⑤「台湾の故宮(こきゅう)博物院」

日本から近場だと、台湾の故宮博物院がおすすめです。こちらも、中国から持ってきた歴史があるので、貯蔵数は大量です。

中でも、鉱石が見どころで、「翠玉白菜(すいぎょくはくさい)」や「肉形石(にくがたいし)」というのが有名です。国王が大事に持っていた歴史もあるのですが、鉱石そのものは結晶化すると変な形になっているので、見ているだけで楽しいです。

⑥「南アフリカのサバンナ」

動物を見るのも好きなのですが、特におすすめはサバンナです。

東京の23区くらいの土地を金網で囲い、そこに棲(す)んでいる動物を自由に見ることができます。中にはロッジもあって泊まれるので、朝起きたら近くに野生動物がいたりするスリルも味わえます。

ただ、あまりに広すぎて、動物を見つけるだけでも一苦労です。「20キロ先にライオンがいたぞ」というような情報を頼りに、目当ての動物を探したりします。ライオンが喰い散らかした死体なども生々しく見られます。

とはいえ、いざというときの銃などもなく、「野生の動物は人間に危害を与えない」という説明をされました。

まあ、本当かどうかわかりませんけどね。

ちなみに、アメリカのカリフォルニア州にあるサンディエゴ動物園もおすすめです。動物が棲んでいる環境に合わせて施設を作っているのが特徴で、普通の森のような状態で大きく囲って、その中にシマウマやヌーを一緒に入れたりして、実際の自然環境に近い形にしています。

北海道の旭山(あさひやま)動物園は、僕は行ったことがないのですが、日本の動物園ってどこも紋切り型で似たり寄ったりですよね。だから、海外の大規模な動物園を一度訪れてみたほうがいいでしょう。

⑦「カナダのリプレイ水族館」

沖縄にある美ら海(ちゅらうみ)水族館は、水槽も大きくて、特にジンベイザメは見物です。それに匹敵したのが、カナダのトロントにあるリプレイ水族館です。

中でも、巨大ロブスターは、60キロくらいの重さで、人間と同じくらいのサイズ感なので衝撃を受けます。
動く歩道があったり、巨大な水中トンネルを通り抜けるなど、さまざまな仕掛けもあっておすすめの水族館です。

⑧「シンガポールの植物園、ガーデンズ・バイ・ザ・ベイ」

シンガポールに、3つのビルが並んでいるマリーナベイ・サンズという有名なリゾートホテルがあります。屋上がプールになっていて有名ですよね。そのホテルの裏に、ガーデンズ・バイ・ザ・ベイという巨大植物園ができました。

とにかくお金をかけていて、スケールがケタ違いです。人工の山があって、そこに滝が流れていたり、巨大なドーム内には世界中の気候が再現されて、そのおかげで世界の植物を一度に見られるようになっています。本文では、「マーライオンだけ」と書きましたが、成長している国は大きな施設を建てがちなので、注目するといいでしょう。

以上、ここでは8つの観光地を紹介しましたが、いずれも、「そこでしか見られないもの、できない体験」というのがポイントです。

付録2 おすすめ映画リスト

世の中には、さまざまなコンテンツがあります。本、動画、ゲーム、スポーツ、音楽……。その中でも、僕は特に、「映画」が好きです。

その理由は、製作費の大きさです。

ハリウッド映画になると何十億円ものお金をかけて作品を作ります。

それを、ネットフリックスを利用すれば、月に1000円足らずで見放題なわけです。

たとえば、2時間の映画で50億円の制作費を体験できるのですから、他のコンテンツと比べても、単純にコスパがいいと思うのです。

ということで、もし僕が生活保護をもらってダラダラ暮らすなら、間違いなく毎日ネットフリックスで映画を観まくっていると思うので、ここでは、僕のおすすめの映画を紹介しておきます。

①「きっと、うまくいく」

インド映画というと、「歌って踊る恋愛映画だけだろう?」と思われがちです。この作品は、サスペンスの要素もありながら、友人同士のロードトリップコメディー映画になっています。3時間近くの長編ですが、あっという間に楽しめると思います。

②「127時間」

僕の好きな映画のジャンルのひとつに、「密室もの」というのがあります。わかりやすいものだと、『キューブ』が有名ですが、限られた条件の中で、いかに頭を使って脱出したり問題解決をするのか、というストーリーが好きです。

この作品では、まったく人の助けが来ないところで腕が挟まれて動けなくなった人が、127時間後にどうなったのか、という構成で、実話が元になっています。ほぼワンシーンを続けても飽きさせない脚本の力がすごい映画です。

③「タイタニック」

言わずと知れた名作で、いまさらな感じはするでしょうが、「どこで感動するのか？」という目線でもう一度観ていただきたいです。

人によって感動するシーンが違って面白いです。

ちなみに僕は、船内で演奏をしている音楽隊が一度止めた演奏を再開する場面が一番グッときます。

④「最強のふたり」

体が不自由なお金持ちと、それを介護する移民の交流を描いた作品。事実が元になったドラマ映画です。

この作品に限らず、オマール・シーが出演している映画は当たりが多いです。日本で公開されたフランス語の映画では歴代1位の大ヒット作で、とにかく、いい映画は説明するのがもったいないので、気になったら必ず観てみてください。

⑤「スラムドッグ$ミリオネア」

「ミリオネア」というクイズ番組は有名ですが、それにスラム出身の少年が出演してしまって、彼の人生を振り返りながら1問ずつクイズに答えていくストーリーです。

脚本がよくできていて、感心しながら観られる映画です。

⑥「ブレイブハート」

スコットランドの独立に立ち向かった歴史上の人物、ウィリアム・ウォレスの生涯を描いた作品です。

歴史の中の英雄をきちんと描きつつ、心躍る戦争シーンがあり、そして、最後に「世の中ってやっぱこうなるよねー」という終わり方まで含めて秀逸にできています。

⑦「ダウンサイズ」

2017年に公開されたコメディ作品です。

地球の人口が増えすぎたため、人間を13センチに改造してさまざまな問題を解決しよう、というSF作品です。「人類がどうなるのか?」という深いテーマまで扱っていて、想像していた以上にいろいろな要素が詰め込まれています。

⑧「ダンガル」

2016年に公開されて大ヒットになったインド映画。日本でも2018年に公開されています。

主演は①の『きっと、うまくいく』と同じアーミル・カーンですが、相変わらずいい映画に出ています。女子レスリングを扱ったただのコメディかと甘く見ていたら、全然違って良い映画でした。

⑨「デン・オブ・シーヴズ」

犯罪モノの映画は、警察側か犯人側か、どちらかのキャラクターに焦点を合わせて描かれがちです。けれど、この作品では、両者を分散してうまく描き分けていて、どちらが主人公なのかわからない感じを含めて、最後のオチで納得できる展開になっています。

⑩「セブン・シスターズ」

ハッピーエンドかバッドエンドか、というのは映画を楽しむ上で大きなポイントだと思うのですが、僕は圧倒的にバッドエンドが大好きです。

この作品は、厳格な一人っ子政策が敷かれた近未来を描いています。出生率を上げた先の未来がハッピーエンドじゃない、という点が非常に面白いです。

⑪「ザ・キング」

2017年に公開された韓国映画です。悪を制するために検察官になった主人公が、次第に自分が悪に魅(み)せられていく……。

「どちらのストーリーを望むかは、有権者が決められるんですよ」というメッセージが印象的で、また、伏線の回収も素晴らしい作品です。

⑫「キングスマン：ゴールデン・サークル」

いい映画のポイントのひとつに、「死に様がかっこいい」というのがあります。この作品は、それが非常によく描かれています。

諜報機関と麻薬密売組織によるアクション映画で、アーティストのエルトン・ジョンが活躍してます。

⑬「パッセンジャー」

大型宇宙船を舞台にしたSF映画です。冬眠状態の5000人の乗客のうち、2人だけが90年も早く目覚めてしまった……、という設定で、「自分だったらどうするか?」と考えながら観ることができます。

自分に置き換えて悩める映画も、いい映画の条件のひとつです。

⑭「マイティ・ソー バトルロイヤル」

マーベル・コミックのヒーロー「マイティ・ソー」シリーズの最新作です。

アクション映画において、「最強の敵をどう倒すか」というのは見せ場だと思うのですが、「え、それやっちゃうんだ?」と裏切られた脚本になっています。

ところどころの笑いポイントも小気味良くて好印象です。

以上、最近のおすすめ映画を14作、紹介しました。

人によっては、「誰が主演なのか」「どんなCG技術が使われているのか」という楽しみ方をする人もいるかもしれませんが、僕の場合、「脚本がよくできている」というのが重要です。

「ただのゾンビ映画か」「よくある詐欺師映画か」と、最初は油断させておいて、うまく裏切ってくれるような作品が優秀な映画だと思います。

また、頭のいいキャラクターを描くには、頭のいい脚本が必要なのは明らかです。

そうすると、『君の名は。』なんかも、ありがちな入れ替わり設定ながら、きちんと引っ掛けポイントが入っていて、騙されたと思いきやミステリーパートが始まる「王道」として素晴らしい映画だと思います。

今、僕はフランスで毎日映画を観ている生活です。『プリデスティネーション』『Happy new year!』『オデッセイ』『マイケル・ムーアの世界侵略のススメ』……。おすすめを紹介し出したらキリがないので、またの機会にしましょう。

付録 3

ベーシックインカム案

本編でも述べたとおり、僕は、「ベーシックインカムを実現するためにはどうすればいいか会議」というのを主宰しています。

「毎月、決まった金額の現金がもらえる仕組みですよ」と言うと、夢物語のように聞こえる人も多いかもしれません。

そこで、ちゃんと試算した結果であることをまとめておきたいと思います。

左の表が、その詳細です。国民全員に「7万円」を配る（18歳未満は3割の2万1000円）とすると、必要な予算は、93・76兆円となります。

すでにある税金システムで財源を生み出すと、約88兆円となり、残りの約6兆円弱をどのように捻出するかを「ペットショップ税」などで提案しています。

ぜひ、これからの日本を支える一人の有権者として、覚えておいていただきたいです。

ベーシックインカム(BI)案
キャッチコピー「争いのない社会」

概要

支給額　月額7万円を想定(18歳未満は3割)
年間の必要予算　93.76兆円

(日本人人口1億2502万人、0～17歳 1915万人×25.2万円、18歳～ 1億0587万人×84万円)

財源

医療費を国民全員３割負担に	16兆円
生活保護費カット	4兆円
相続税を1.5倍に	1兆円
厚生年金と国民年金の支給額をBIと同額まで減らす (支給額が月額8万円の場合は15.2兆円に減るため注意)	20.1兆円
固定資産税5.6%	25.5兆円
解雇規制をなくし、法人税10.8兆円(2015年度)を2倍に	10.8兆円
たばこを1320円にする	4.3兆円
パチンコ税35%	6.3兆円
以上、現在の予算	88兆円

その他の財源候補

- ペットショップ税
- 投資益を分離課税(20%固定)から、他の所得と合算しての累進課税に(ただし額の算出が難しく、年によって変動が激しい)
- 富裕税(一定以上の資産に対する課税。ただし資産の把握が困難で実現・復活は難しい)
- 消費税増税、国債や政府紙幣(なるべく使わない方向で検討中)

給付対象

- 日本国籍所持者

※ニコニコ大百科「ベーシックインカム案」を元に作成

おわりに／他人のためにも余裕を作る

さて、「おわりに」です。

日本は、みんなと同じことをしていれば安心だった国から、みんなと違うことをやらないとどんどん落ちていく国になりつつあります。肌感覚で理解できる人もいるかもしれませんが、その根拠を一応、書いておきます。

厚生労働省の調べによると、世帯当たりの平均所得金額は1996年から基本的に下がりっぱなしです。そして、OECDによると、家庭ごとの収入の伸び率で、38ヶ国中、日本は下から8番目です。

毎年、平均収入が上がっていたり、他国よりも経済成長が速い国に住んでいる場合は、周りの多数派の人と同じことをしていれば、収入が増えます。高度経済成長期の日本がそうでしたね。ところが、平均的な人の収入が下がり続けるというのが、ここ数年ずっと続いているわけです。

世界の各国が下がっているのであれば、相対的にまだマシなのですが、他の国はそれなりに成長をしていて、日本だけが置いてけぼりのままです。

昔であれば、多数派にいれば、会社や政治、親戚など、周囲がセーフティネットとなって誰かが助けてくれたでしょう。しかし、今は、国民みんなに余裕がなくなって、他者を助ける余裕がなくなってしまっています。

そんなわけで、平均的で常識的な方法で生きていくと、平均的で常識的な結果が待っているわけで、その結果、「みんな仲良く落ちていく」というのが決定的なのが現状です。

だから、常識的ではない方法を紹介し、頭ひとつくらい抜け出ることで、生きる上で多少の余裕を作れるのではないかと思い、この本にまとめました。自分に余裕がないと、他人を助けることなんてできないですしね。

最後に、前著に引き続き、今回も編集者の種岡健さんにまとめていただきました。

2018年3月　パリ左岸で雪化粧の街を見つつ

ひろゆき

文庫のためのあとがき／楽して働ければそれでいい

こんにちは、そんなわけであとがきを書いてます、ひろゆきです。

締め切りから1週間経ってるので急いで書いてますが……。

さてさて、2020年から2021年夏までにアメリカは富裕層を除く85％の世帯に新型コロナウイルス対策の給付金として、現金を配るというのを3回やりました。合計すると、独り身だと約30万円、夫婦だと約60万円も貰えてるわけですね。

フランスではコロナ対策によるロックダウンで飲食店が営業停止になりましたが、飲食店従業員の給与のほとんどの額を国が支給しました。

新型コロナウイルス禍という特殊な状況ではありますが、アメリカや欧州は国民に現金を配るというのを実行して、国民にはそれなりに評価をされていたりします。

政府のコロナ対策に文句を言う人はいても、現金給付に文句を言う人はそんなにいなかったわけです。

日本は、世間体やらの圧力を無視すれば、働けない人はお金が貰える「生活保護」という仕組みがすべての国民に保証されている国です。

新型コロナで生活が大変という人は多いと思いますが、日本は新型コロナ禍よりも前の消費税増税から不景気が始まってたりします。

なので、日本は構造的に景気悪いよね…、という部分は変わってないんですよね。

新型コロナ禍が治まったあとに、制限されていた業種が活発になって一時的に売り上げが増えたりはあると思いますが、地方自治体で人口が減っていて、空き不動産が増え続けてるといった問題や、少子化がずっと続いているので、介護や医療の担い手がいない地域が増えたりとか、商圏としても成立しなくなってしまって、スーパーや商店が存在しない地域が出来てしまったりという問題は、いっこうに解決してないままなんですよね…。

そんななか、働くことに意味をつけようとして「やりがい」とか「自己実現」とか綺麗事を並べる人がいますが、基本的にはお金が欲しいから働くわけです。

でも、無理して働いて体や心や人間関係を壊してしまうと元も子もないですよね。

お金は生活するために必要なものですけど、お金が無くても生活は出来たりするんですよね…。

というわけで、出来るだけ楽に暮らすために楽に働ける方法や、楽に働ける場所を見つけていく努力は怠らないほうが良いと思うんですよね。

２０２１年７月　パリ右岸で観光客の少ない町を見つつ

ひろゆき

本作品は小社より二〇一八年四月に刊行されました。

ひろゆき

本名：西村博之。

1976年、神奈川県生まれ。東京都に移り、中央大学へと進学。在学中に、アメリカ・アーカンソー州に留学。1999年、インターネットの匿名掲示板「2ちゃんねる」を開設し、管理人になる。2005年、株式会社ニワンゴ（現・株式会社ドワンゴ）の取締役管理人に就任し、「ニコニコ動画」を開始。2009年に「2ちゃんねる」の譲渡を発表。2015年、英語圏最大の匿名掲示板「4chan」の管理人に。2019年、「ペンギン村」をリリース。

著書に『叩かれるから今まで黙っておいた「世の中の真実」』（三笠書房）、『1%の努力』（ダイヤモンド社）、『無敵の思考』（大和書房）などがある。

働き方 完全無双

著者　ひろゆき

二〇二一年八月一五日第一刷発行

発行者　佐藤 靖

発行所　大和書房

東京都文京区関口一－三三－四 〒一一二－〇〇一四

電話 〇三－三二〇三－四五一一

フォーマットデザイン　鈴木成一デザイン室

カバーデザイン　井上新八

本文デザイン　松好那名（matt's work）

撮影　榊智朗

本文印刷　信毎書籍印刷

カバー印刷　山一印刷

製本　小泉製本

ISBN978-4-479-30877-5

http://www.daiwashobo.co.jp